北京物资学院学术文库
北京物资学院学术专著出版基金资助

利率衍生品的定价与应用

Interest Rate Derivatives Pricing and Application

周　丽　著

对外经济贸易大学出版社
中国·北京

图书在版编目（CIP）数据

利率衍生品的定价与应用／周丽著．—北京：对外经济贸易大学出版社，2012

（北京物资学院学术文库）

ISBN 978-7-5663-0270-0

Ⅰ．①利… Ⅱ．①周… Ⅲ．①利息率－定价－研究 Ⅳ．①F830.2

中国版本图书馆 CIP 数据核字（2012）第 009927 号

利率衍生品的定价与应用

Interest Rate Derivatives Pricing and Application

周　丽　著

责任编辑：乔　宇　朱　洋

对 外 经 济 贸 易 大 学 出 版 社

北京市朝阳区惠新东街 10 号　　邮政编码：100029

邮购电话：010－64492338　　发行部电话：010－64492342

网址：http://www.uibep.com　　E-mail：uibep@126.com

山东省沂南县汇丰印刷有限公司印装　　新华书店北京发行所发行

成品尺寸：170mm×230mm　　12.5 印张　　212 千字

2012 年 4 月北京第 1 版　　2012 年 4 月第 1 次印刷

ISBN 978-7-5663-0270-0

印数：0 001－1 500 册　　定价：29.00 元

序

金融工具包括四种类型：权益型、债务型、衍生型和混合型。

权益型和债务型是基础金融工具。权益型金融工具代表所有者在某一公司中的利益，最常见的权益型金融工具是普通股。债务型金融工具是通过某种形式的契约所表示的债权人和债务人之间的关系，常见的债务型金融工具就是债券，例如国债、企业债等。以前常常将债务型工具和优先股归为一大类，称为固定收益证券[1]，因为借款人签署的契约按照固定利率还息付款。但是，随着浮动利率或可调整利率的债务型工具和新形式优先股的发展，固定收益证券的说法就不严格了。

衍生型金融工具是顺应金融创新要求迅速发展的一类重要金融工具，其价值依附于标的资产（即基础金融资产），常见的重要衍生工具有期货、期权、远期利率协议以及利率互换[2]。其特征是保证金交易，即只要支付一定比例的保证金就可进行全额交易，不需实际上的本金转移，合约的了结一般也采用现金差价结算的方式进行，只有在期满日以实物交割方式履约的合约才需要买方交足货款。因此，衍生产品交易具有杠杆效应。保证金越低，杠杆效应越大，风险也就越大。

混合型金融工具不能完全划归以上类型任何一类，因为它包含了多种类型的特点，例如某些债务工具有期权的特性，某些有股权的特性，还有一些同时具有期权和股权两种特性。

金融衍生品的研究对我国金融研究有重要的理论意义和现实意义[3]。首先，经济和金融全球化是世界发展趋势，金融市场的全球化意味着规则的一致和壁垒的减少以促使资本自由流动，允许所有的企业在所有的市场竞争。更简单地说，全球化可以看成需要融资时借款人可以不顾国界，而贷款人在寻求有吸引力的投资机会时也可以不顾国界的这种日益上升的趋势。加入世界贸易组织（WTO）的中国正在面临一个相当成熟和庞大的金融衍生品市场。中国金融业必须融入世界潮流中去了解和适应国际金融衍生品市场的运作机制和游戏规则，并创建、设计、发展本国的金融衍生品市场。第二，规避金融风险，完善金融市场。利率、汇率和股票指数等基础金融工具价格的反复变化，使金融市场参与者面临着巨大的潜在风险，而金融衍生产品的出现，为投资者提供了对冲风险和套期保值的好方法。第三，丰富融资方式，吸引国际资本。随着经济国际化进程的加快，我国国际资本市场融资已发展到新阶段。吸引国际资本的重要前提是要有一个成熟、发达的金融市场，使投资具有安全性、流动性和盈利性，金融衍生产品的发展恰好满足这种要求。如果我们不能为外国投资者提供规避利率和汇率风险的金融衍生产品，将丧失筹措国际资本的良机，造成资金大量外流。可见，金融衍生产品对资本市场的扩大具有重要意义。第四，提高国际竞争力。中国加入 WTO 后，进一步开放国内金融市场，国有商业银行将走向国际化，与外资银行展开激烈的竞争。为了提高竞争力，必须发展金融衍生产品，推动金融创新。在众多金融衍生品中，利率衍生品占据主要地位。统计显示，近年来全球金融衍生品中，利率衍生品约占到95%。因此，要想在我国有效地从事金融创新，做好对利率衍生品的研究十分必要。

周　丽

2011 年 11 月

前　言

本书研究利率衍生品的定价，以建立三因素带有跳跃特征的随机均值随机波动率利率期限结构模型为基础，研究了五种利率衍生品，包括可转换债券、浮动利率债券、利率期货、远期利率协议和利率互换的定价问题。

本书对利率期限结构理论与模型的发展和研究成果进行综述，对应用利率期限结构模型为利率衍生品定价的方法进行全面总结。分析并解决利率期限结构中三个难点问题，它们是漂移项的非线性问题、波动项的条件异方差问题、突发事件引起的极端利率问题。随机均值过程能够比简单的常数均值过程更全面地描述利率随机过程中漂移项的非线性特征。随机波动项的条件异方差性由GARCH（Generalized Auto Regressive Conditional Heteroskedasticity）过程来描述。在纯扩散过程基础上加入跳跃项，考虑了突发事件对利率行为的影响，以及历史事件对利率将来行为的滞后影响，克服了传统纯扩散模型无法正确预测利率极端行为跳跃性的缺陷。建立了带有跳跃特征的随机均值随机波动利率期限结构模型，简称SVJ-SD（Stochastic Mean Drift-Stochastic Volatility-Jump Interest Rate Term Structure）模型。选取我国国债回购利率为样本，对SVJ-SD模型及其五种特例模型CIR（Cox-Ingersoll-Ross）、CKLS（Chan-Karoli-Longstaff-Saunders）、CT（Central Tendency Model）、SV（Stochastic Volatility Model）和SV-SD（Stochastic Volatility and Stochastic Mean Drift Model）模型进行实证研究，用最大似然法估计似然函数易得的CIR、CKLS和CT模型，用有效矩估计方法估计含有潜在变量似然函数不易得到的SV、SV-SD和SVJ-SD模型参数，借以辅助模型避免了有效矩估计方法有限样本特性，比较六种期限结构模型在估计过程、参数结果以及拟合效果方面的优缺点。

本书对可转换公司债券的结构和条款进行了分析，可转换债券是包含债权特征和转换权、回售权和赎回权三种期权特征的混合债券。其中，转换权并非大多数学者认为的普通欧式看涨期权，而是一种美式交换期权，并且内含的三种期权具有执行排他性和不执行共存性。从结构法定价体系和简约法定价体系梳理了国内外可转换债券定价的发展历程。建立两因素动态利率转债定价方法。建立时间步骤一致的动态利率二叉树图和转债标的股票价格的二叉树图，创新性地提出了利率树图与股票树图结合成二维树图的方法，分别用月树图和半年树图为招行转债定价，对招行转债的票息率和转股可能做出分析。总结我国可转债发展的历程，初始阶段积累了经验教训，试点阶段稍有成功，目前转债发行已经进入蓬勃发展阶段，我国可转换债券市场逐步走向成熟，可转换债券已经成为一种重要的金融工具。

确定浮动利率债券的息票率重要的是确定基准利率和基本利差。国际上通常以市场化程度较高的利率，例如 LIBOR（London Interbank Offered Rate），作为基准利率。基本利差的确定要考虑固定利率和浮动利率之间的调整、税收以及债券信用等因素。对浮动利率债券定价，关键在于现金流贴现率依据的利率期限结构情况，由 SVJ-SD 利率期限结构推导远期利率作为基准利率，用二叉树图工具为不含期权、含有利率上下限和双限期权的浮动利率债券定价。对国内发行浮动利率债券提出建议，基准利率的确定应向国际规范靠拢，增加新品种开发。根据新产品开发需求，创新性地设计了一种可用作保险业的理财产品的股票关联收益浮动利率债券。股票收益的不确定性，与浮动利率债券基准利率的随机变化特征相似，可以选择若干只股票的收益函数作为浮动利率债券的基准利率。讨论关联股票收益函数的三种情况，并分别对三种情况的浮动利率债券定价。

利率期货合约是一种有效对冲利率风险的金融工具。远期利率协议是利率期货在场外交易的一种灵活形式。远期利率协议的价值依赖于固定的远期协议利率和动态利率期限结构。国债期货是常见的利率期货品种，对中长期国债期货定价可以参考国际规范形式，规定转换因子参数确定期货空头方收到的现金价格，空头方可以选择交割最便宜的债券进行交割。经过无套利原理证明，短期国债期货价格等于标的债券面值经过远期利率贴现后得到的价值。国内经济环境已经具备再次推出国债期货的条件，适时的分种类分步骤地推出国债期货体现了资本市场上各交易机构规避利率风险的迫切需求。

Preface

This book studies the pricing of interest rate derivatives, modeling the three factors stochastic mean and stochastic volatility interest rate term structure with jump character, and pricing three interest rate derivatives which including convertible bonds, floating interest rate bonds and suaps, interest rate futures.

This book summarizes the development of theory and models of interest rate term structure, analyzes and resolves three difficult problems in term structure. They are the nonlinear of drift mean, the conditional heteroskedasticity of volatility and extreme interest rate because of paroxysmal events. The process of stochastic mean describes the nonlinear characters of interest rate drift process better than simple constant mean process. The conditional heteroskedasticity is described by GARCH model. Adding jump into pure diffusion process, considering the effects of paroxysmal events and the lag effect caused by historical events will overcome the limitation of traditional pure diffusion model incapable of forecast the jump behavior of interest rate accurately. This paper builds the stochastic mean and stochastic volatility interest rate term structure model, SVJ-SD model for short. In this paper, I choosing the repo interest rate of national debt of China as sample, making empirical research of SVJ-SD model and its five special instances CIR, CKLS, CT, SV and SV-SD models, using maximum likelihood method to estimate CIR, CKLS and CT models, and using efficient method of moment to estimate SV, SV-SD and SVJ-SD models because they contain latent variables and their likelihood functions didn't got easily. The efficient method of moment avoids the limited sample characteristic in virtue of semi-nonparametric model. Comparing the virtue and shortcoming of the six interest rate term structure models in their estimate process, parameter results and forecast effect.

This book analyzes the structure and the items of convertible bond. It is one kind of mixed bond including convertible option, resell option、callable option. The convertible option isn't the ordinary European call option, but an American exchange option. And the three kinds of options have the characters of exclusive and coexistence when they are not executed. I clean up the developing course of convertible pricing from structured pricing system and contracted pricing system, and build the two-factors dynamic interest rate convertible bonds pricing method. I deduce the general differential equation and boundary conditions of pricing convertible bonds from It? lemma. I build dynamic interest rate binominal tree and the stock pricing binominal tree of convertible bond. And put forward a method of combining the interest rate tree and stock price tree innovatively. I use month tree and half a year tree to price the convertible bond of China Commercial Bank, and analyze coupon and convertible likelihood of it, and summarize the convertible bond development course of our country.

The vital step of determining the coupon rate of floating interest rate bonds is to determine benchmark interest rate and benchmark interest rate spread. For benchmark rate, the highly developed marketable interest rate such as LIBOR has been chosen. As to benchmark interest rate spread, many factors shall been taken into consideration such as the adjustment of the relationship between fixed interest rate and floating interest rate, tax, and bond credit. In the pricing of floating interest rate bonds, the key point lies in the term structure of interest rate that determines the cash discount rate. Choosing future rate derived from SVJ-SD the term structure of interest rate as benchmark interest rate, employing binominal tree instrument, floating interest rate bonds which contain no option or contain interest rate floor and cap and interest rate collar. It's suggested that floating interest rate bonds be introduced, the benchmark interest rate should be determined according to int'l standard, also new product should be developed. To meet with the demands of new product developing, a floating interest rate bond related to stock returns is created which can serve as financing product in insurance industry. The uncertainty of stock returns is similar with the benchmark interest rate stochastic pattern. Some stock returns can be treated as bonds' benchmark interest rate. Three situations are discussed and pricing is done in accordance with the three situations respectively.

The interest rate future agreement is an efficient hedging financial instrument, of which agreement forward rate is a flexible in curb exchange. The value of agreement forward rate depends on fixed future rate as well as dynamics structure of interest rate. National debt future is the routine interest rate derivative. Foreign normalized approaches could be referred in the pricing of middle term and long-term national debt future. After regulating the conversion factor parameter to determine the received cash price of short of the future. The short may complete the transaction by choosing the cheapest bond. The theory of no arbitrage can assure the price short-term national debt future equals the value of bond par value discounted by future interest. The time and economic conditions to introduce national debt future again have been mature. The introducing of national debt future step by step represents the imminent demand of various marketing institutions to hedging interest rate risk.

目　录

序
前言
Preface

第 1 章　理论基础与方法 …… (1)
1.1　研究背景 …… (3)
1.2　利率期限结构理论与模型的研究现状 …… (11)
1.3　利率期限结构模型的实证研究现状 …… (21)
1.4　国内外关于利率衍生品定价方法的研究现状 …… (25)
1.5　研究内容 …… (29)
1.6　小结 …… (30)

第 2 章　利率期限结构模型的建立 …… (33)
2.1　三个关键问题 …… (35)
2.2　模型的建立 …… (37)
2.3　实证方法 …… (41)
2.4　模型估计 …… (47)
2.5　小结 …… (83)

第 3 章　可转换公司债券 …… (85)
3.1　可转换公司债券的介绍 …… (87)
3.2　可转换公司债券的定价 …… (93)
3.3　可转换公司债券定价实证研究 …… (103)
3.4　可转换债券发展的总结与展望 …… (112)
3.5　小结 …… (115)

第 4 章 浮动利率债券 …………………………………………………… (117)
4.1 浮动利率债券的介绍 ……………………………………………… (119)
4.2 浮动利率债券的定价 ……………………………………………… (120)
4.3 股票收益关联浮动利率保险债券的设计与定价 …………………… (127)
4.4 小结 ………………………………………………………………… (138)

第 5 章 远期利率协议与利率期货 ……………………………………… (139)
5.1 远期利率协议 ……………………………………………………… (141)
5.2 利率期货 …………………………………………………………… (145)
5.3 债券投资组合价格敏感性的风险分析 …………………………… (150)
5.4 小结 ………………………………………………………………… (156)

第 6 章 利率互换 ………………………………………………………… (159)
6.1 我国利率互换市场现状 …………………………………………… (161)
6.2 我国利率互换市场存在的问题 …………………………………… (162)
6.3 利率互换交易定价理论 …………………………………………… (163)
6.4 利率互换交易定价方法 …………………………………………… (165)
6.5 小结 ………………………………………………………………… (169)

参考文献 ………………………………………………………………… (170)

后记 ……………………………………………………………………… (182)

致谢 ……………………………………………………………………… (185)

第 1 章

理论基础与方法

1.1 研究背景

1.1.1 金融衍生品市场概述

金融危机对全球经济的影响正逐渐远去，但人们对金融衍生品的指责并未停止，特别是在国内企业遭遇金融衍生品巨亏后，人们往往将金融衍生品与高杠杆、投机等联系在一起，而忽略了金融衍生品固有的套期保值、管理风险的积极作用，金融衍生品似乎有被“妖魔化”的趋势。

但是到目前为止，各种金融衍生品仍然是金融市场参与者最好的避险工具之一。毋庸置疑，中国需要发展金融衍生品，中国企业在金融衍生品市场遭遇重挫之后，更需要我们研究了解发展金融衍生品。其中，规避利率风险的利率衍生品在现今全球金融衍生品市场占有最大的交易比重，扮演着重要的投资、套保角色。

货币与利率风险管理自 1980 年代以来便成为国际金融的一项重要课题，而在金融市场中，金融工具如雨后春笋般不断推陈出新，探究其主要原因，可归结于随着金融自由化、证券化、国际化潮流，利率的波动性增加，使得企业面临利率风险也增加。为了规避利率风险，企业都利用利率衍生性金融商品来避险。2009 年，国际掉期与衍生协会（ISDA，International Swaps and Derivatives Association）对全球 500 强企业使用衍生品管理价格风险的情况进行了调查。调查显示，世界 500 强企业中，94.2% 的企业使用了衍生工具管理规避所面对的商业和金融风险，只有 5.8% 的企业未使用金融衍生工具（图 1－1）。

调查还发现，外汇衍生品是最广泛使用的工具（88% 的企业使用），其次是利率衍生品（83%）和大宗商品衍生品。在所有行业中，外汇和利率衍生工具的使用是相当普遍的。除金融服务业，72% 到 92% 的各行业企业使用外汇衍生工具（金融服务业公司这一比例为 96%），70% 到 94% 的各行业企业使用利率衍生工具（表 1－1）。

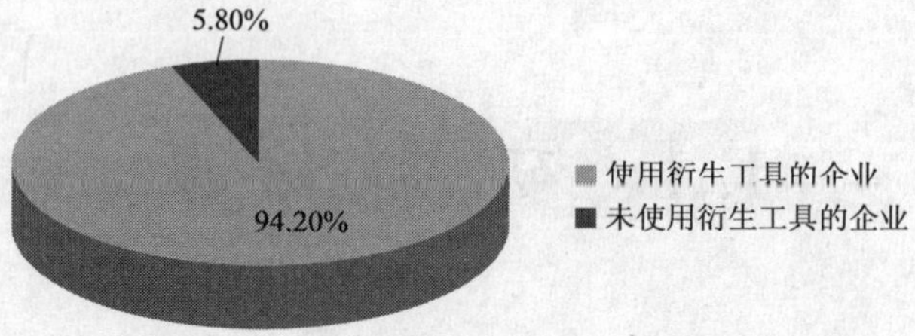

图 1-1 世界 500 强企业使用金融衍生工具比例图

数据来源：国际互换和衍生品协会 ISDA 网站

表 1-1 全球 500 强企业中各行业使用金融衍生品工具情况

行业名称	数量	使用衍生工具比例	使用利率衍生工具比例	使用外汇衍生工具比例	使用商品衍生工具比例	使用信用衍生工具比例	使用股权衍生工具比例
基础原材料	86	97%	70%	85%	79%	0%	6%
消费品	88	91%	81%	84%	39%	1%	9%
金融	123	98%	94%	96%	63%	76%	80%
保健	25	92%	80%	72%	8%	4%	20%
工业品	49	92%	86%	86%	37%	2%	20%
服务	40	88%	75%	85%	35%	3%	13%
技术	65	95%	86%	92%	15%	6%	15%
公用事业	24	92%	92%	88%	83%	0%	8%
总计	500	94%	83%	88%	49%	20%	29%

数据来源：国际互换和衍生品协会 ISDA 网站

根据国际清算银行（BIS，Bank for International Settlements）截至 2009 年 12 月的调查报告显示（见表 1-2）。全球衍生性金融商品 OTC 市场交易的合约总额达 614.674 亿美元，其中外汇期权、外汇远期合约和换汇等外汇相关的交易为 49.196 亿美元，占 8%；利率期权、利率互换合约、利率远期协议等利率相关交易高达 449.793 亿美元，占 73.18%，为外汇相关交易的 9 倍，是全球衍生性金融商品交易量最大的工具；至于股票和股票指数及产品相关联的衍生性金融产品为 6.591 亿美元，占 1.07%。对于利率衍生性商品，依据交易工具类别来划分，可分为远期利率协议（FRA，Forward Rate Agreement）、利率互换（IRS，Interest Rate Sweep）、期权（Options）。其中，利率互换合约占了衍生性金融产品 OTC（Over The Cownter）交易总额的 56.82%，可知利率互换交易在衍生性金融商品市场上的重要性。

表1-2　　2009年下半年全球衍生性商品场外市场的规模　　单位：十亿美元

商品种类	未到期的签约率		总市值	
	金额	比重	金额	比重
汇率有关的合约（Foreign Exchange Contracts）	49 196	8.00%	2 069	9.59%
远期合约和换汇（Forwards and Forex Swaps ）	23 129	3.76%	683	3.16%
汇率互换（Currency Swaps）	16 509	2.69%	1 043	4.83%
期权（Options）	9 558	1.55%	343	1.59%
利率有关的合约（Interest Rate Contracts）	449 793	73.18%	14 018	64.95%
远期利率协议（FRA）	51 749	8.42%	80	0.37%
互换（IRS）	349 236	56.82%	12 574	58.26%
期权（Options）	48 808	7.94%	1 364	6.32%
权益证券有关的合约（Equity-linked Contracts）	6 591	1.07%	710	3.29%
远期和互换（Forwards and Swaps）	1 830	0.30%	179	0.83%
期权（Options）	4 761	0.77%	531	2.46%
商品有关的合约（Commodity Contracts）	2 944	0.48%	545	2.53%
黄金商品（Gold）	423	0.07%	48	0.22%
其他（Other Commodities）	2 521	0.41%	497	2.30%
其他-远期和互换（Forwards and Swaps）	1 675	0.27%		0.00%
其他-期权（Options）	846	0.14%		0.00%
信用违约互换（Credit Default Swaps）	32 693	5.32%	1 801	8.34%
单一工具（Single-name Instruments）	21 917	3.57%	1 242	5.75%
多工具（Multi-name Instruments）	10 776	1.75%	559	2.59%
其他（Unallocated）	73 456	11.95%	2 440	11.31%
总　计	614 674	100.00%	21 583	100.00%

资料来源：BIS统计资料

以最近五个半年的统计资料来看，利率相关的衍生性金融商品一直保持着较高的交易量，尤其利率互换合约仍一直保持最高的交易水平（图1-2右）。

从增长速度上看，只有利率相关合约维持微小的增长，名义余额增长了56.655亿美元；其余外汇合约、股权合约、商品合约、信用违约互换均有小幅减少。全球场外衍生品市场目前以及可以预测的将来仍以利率衍生性商品为主（表1-3、图1-3）。

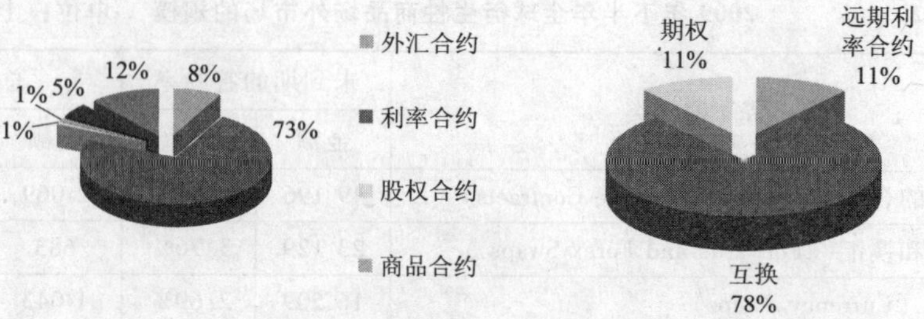

图 1－2　2009 年 12 月全球场外市场衍生性金融商品成交量统计图

资料来源：BIS 统计资料

表 1－3　　全球场外市场衍生品交易量　　单位：十亿美元

时间	12/2007		06/2008		12/2008		06/2009		12/2009	
品种	金额	比重	金额	比重	金额	比重	金额	比重	金额	比重
外汇合约	56 238	9.44%	62 983	9.21%	44 200	8.07%	48 775	8.07%	49 196	8.00%
利率合约	393 138	65.99%	458 304	67.02%	385 896	70.42%	437 198	72.31%	449 793	73.18%
股权合约	8 469	1.42%	10 177	1.49%	6 155	1.12%	6 615	1.09%	6 591	1.07%
商品合约	8 455	1.42%	13 229	1.93%	4 364	0.80%	3 729	0.62%	2 944	0.48%
信用违约互换	58 244	9.78%	57 403	8.39%	41 883	7.64%	36 046	5.96%	32 693	5.32%
其他	71 194	11.95%	81 719	11.95%	65 487	11.95%	72 255	11.95%	73 456	11.95%
合计	595 738	100.00%	683 814	100.00%	547 983	100.00%	604 617	100.00%	614 674	100.00%

资料来源：BIS 统计资料

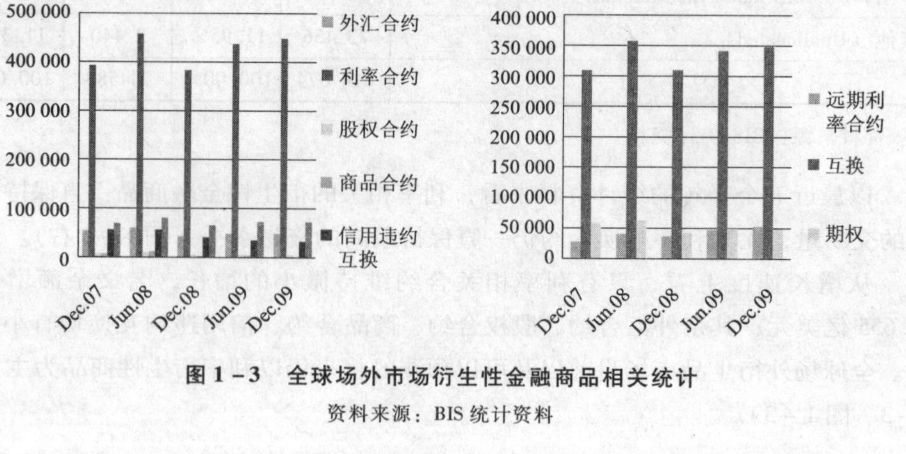

图 1－3　全球场外市场衍生性金融商品相关统计

资料来源：BIS 统计资料

表 1-4　全球市场单一币别利率衍生性金融商品（交易工具别）统计表

单位：十亿美元

时间	12/2007		06/2008		12/2008		06/2009		12/2009	
品种	金额	比重	金额	比重	金额	比重	金额	比重	金额	比重
远期	26 599	6.77%	39 370	8.59%	35 002	9.07%	46 798	10.70%	51 749	11.51%
互换	309 588	78.75%	356 760	77.84%	309 760	80.27%	341 886	78.20%	349 236	77.64%
期权	56 951	14.49%	62 162	13.56%	41 134	10.66%	48 513	11.10%	48 808	10.85%
合计	393 138	100.00%	458 304	100.00%	385 896	100.00%	437 198	100.00%	449 793	100.00%

资料来源：BIS 统计资料

分析近年来全球衍生性商品以及利率衍生性商品快速增长的主要原因，主要是由于近年来全球持续的有节制的加息和外汇市场的频繁波动。预期未来全球利率波动性仍会较大，故对利率衍生性商品的需求将会日益增多（表 1-4）。分析中国的现实情况，国际收支不平衡、人民币本币与外币市场流动性的变化、汇率制度改革的进程、货币政策作用发挥的效果以及限制条件、经济金融全球化等因素，均将导致未来利率衍生品的发展势头迅猛，而我国进一步推出利率衍生产品也是势在必行。目前我国只有场外交易的利率衍生品，远期利率协议和利率互换。因此，深入利率衍生产品定价研究有其实际意义，为我国日后推出新的利率衍生产品奠定理论基础。

1.1.2　利率衍生品市场概述

1. 中国利率衍生品市场发展的历史过程

在强大的规避风险的需求下，我国利率衍生品也在逐渐萌芽，尤其是近几年发展较快。最早的利率衍生品追溯到 1992 年，当时我国证券市场处于起步阶段，曾经推出了国债期货市场，然而好景不长，仅仅经过 2 年半的时间，就结束了国债期货交易试点，试点失败的原因大致有利率管制、会员内部管理不规范、现货交易市场和市场交易规则不完善、监管不足等方面。国债期货问题出现之后一段时间，利率衍生品市场一直保持平静，但是十几年后，利率衍生品再次被提上议程，2004 年 5 月 20 日起债券市场推出了具有做空机制的买断式回购，通过这种新的交易方式，债市实际上就具备了一定的做空机制，对投资者来说，可以此来构建债市中的新盈利模式，而它对现券走势的影响，也将是十分显著的。在 2005 年，银行间债券市场推出了第一个衍生产品——债券远期交易。这样银行就可以通过远期交易锁定未来一段时间内的利率。紧接着在2006年2月9日中国人民银行发布了《关于开展人民币利率互换交易试点有关事宜的通知》，明确了开展人民币利率互换交易试点的有关事项。当日，国家开发银行与中国光大银行就完成了首笔人民币利率互换交易。这笔利率互换交易是2005年10月10日初步达成的，协议的名义本金为50亿元人民币、期限10年、光大银行支付固定利率、开发银行支付浮动利率（1年期定期存款利率）。当时双方约定，待人民银行有关政策出台后交易生效。这笔交易的完成标志着人民币利率衍生工具已在中国金融市场正式登场。2006年3月8日，全国银行间同业拆借中心正式发布银行间回购定盘利率。2006年9月8日，中国金融期货交易所股份有限公司正式在上海期货大厦内挂牌，这是中国内地成立的第4家期货交易所，也是中国内地成立的首家金融衍生品交易所。中金所的挂牌成立，标志着中国利率衍生品市场将迎来新的机遇，具有划时代的意义。

2007年1月1日，SHIBOR开始对外发布。SHIBOR的全称是“上海银行间同业拆借利率”（Shanghai Interbank Offered Rate，SHIBOR），SHIBOR被称为中国的LIBOR（London Interbank Offered Rate，伦敦同业拆借利率），是中国人民银行希望培养的基准利率体系。SHIBOR的推出将扭转我国没有真正统一基准利率的局面，意味着我国金融市场建立起了真正的价格中枢，将为各种人民币衍生产品提供定价基准，促进人民币衍生产品特别是利率互换市场的快速发展，同时对我国货币政策的有效实施和加快利率市场化进程都具有重大意义。

2. 我国借助利率衍生品市场管理利率风险的必要性

在国际上，商业银行利率风险管理也经历了一个演变的过程。主要管理模式有两种：一是资产负债管理法。通过改变资产负债表的各种成分和结构，影响利率风险敞口的大小，进而改变资产负债表的利率敏感性，包括利率敏感性缺口管理和持续期缺口管理。另一是利率衍生工具管理法。通过投资金融衍生产品的收益冲抵资产负债业务在利率变动时遭受的损失，是一种表外的管理方法。缺口管理是银行规避利率风险的重要手段，但是由于缺口管理需要调节资产负债表结构，在操作上有一定的困难，而且使收益受到限制。国内银行在面临利率变化需调整时，由于缺乏利率衍生品，因此多数情况下只能使用传统的表内管理方法，然而该方法缺乏灵活性，即使能准确预测利率变动的趋势，利率敏感性缺口和存续期间缺口的调整也将受到制约。传统的投资和借入资金组合完全建立在预期基础上，当利率波动和市场条件发生变化，已形成的组合就面临调整。利用现货市场改变投资和借入组合，通常需采取实盘交割方式，大宗交易将对现货市场价格产生一定的冲击，造成市场价格的大幅波动。这种实盘交割方法所引发的价格波动又增加了交易本身的不确定性。再加之，我国金融市场的产品品种较少，市场参与者类型相对单一，在预期相同的情况下，不仅市场价格会大幅波动，市场的交易效率也会受到影响。除此之外，现货市场中的交易成本是相当可观的。其他的市场创新方式，大都面临适用范围小的问题，尤其是与债券相关的创新，仅局限于债券的发行人和持有者。这与广泛存在的利率风险规避要求显然是不对称的。其次，由于不存在规范的市场，创新交易的设计多是有针对性的，点对点的协议方式导致交易效率较低，而且缺乏价格形成的有效基础，易产生价格扭曲。同时，市场创新交易缺乏法律保障，易产生信用风险问题，而规范的利率衍生产品市场较好地解决了以上问题。在规范的利率衍生产品市场中，以货币市场上的短期国库券、回购协议、银行同业拆借利率和资本市场上的长期国债、中期国债等为基础而设计的合约可用于规避长中短期利率风险。与现货市场做空受到诸多限制形成鲜明对比的是，衍生市场中做空非常容易实施，从而降低了市场价格大幅波动的发生频率，使得市场中的价格更加公平有效。另外，保证金制度、做市商制度等严格控制了信用风险的发生。

利率产品可以分为利率现货产品和利率衍生性产品。利率现货产品中包括资本市场及货币市场的利率产品；利率衍生性产品则包括集中市场及场外市场衍生性产品，见表1-5。

表1-5 利率产品分类表

利率现货产品	
资本市场	债券类：国债、金融债券、公司债 证券化类：不动产抵押债券（MBS，Mortgage-Backed Security）
货币市场	票券类：国库券、可转换定存单、商业本票、承兑汇票
利率衍生产品	
集中市场	利率期货、利率期权、可转换公司债券
店头市场	利率互换、利率期权、远期利率协议、债券远期等

我国目前已推出三种利率衍生品：债券远期、人民币利率互换与远期利率协议，它们均为场外利率衍生品。

国外发达金融市场利率衍生品最初的发展形式是利率期货，在利率期货发展的基础上，利率期权和互换才得以发展。在我国，利率类衍生品的发展同样也遵循一个循序渐进的过程。1992 年我国推出国债期货，但是最终由于震惊国内外的“319 国债风波”和“327 国债期货事件”，中国首个利率衍生期货交易品种在运行了短短两年半后以失败告终。

然而，伴随着国债规模的日益增大和监管体制的日趋完善，在缺乏利率风险管理工具的条件下，一些市场交易者尤其是持有大量国债的商业银行和企业，出于对持有债券结构调整、收益调节以及规避利率风险等方面的考虑，自发地尝试进行国债远期和利率互换的交易行为，这是我国最早产生的比较成功的利率衍生品类型。

我国对利率衍生品最初的较为成功的尝试是以债券为标的的债券远期。2004 年，我国推出了具有做空机制的“买断式回购”。2005 年 6 月 15 日，银行间债券市场第一个利率衍生产品——人民币债券远期业务顺利启动，银行间债券市场产品结构多元化的序幕就此拉开。债券远期交易是指交易双方约定在未来某一日期，以约定价格和数量买卖标的债券的行为。利用债券远期交易，卖出远期债券，可以锁定商业银行一段时期债券收益率，同时可以买进远期债券，对商业银行债券未来的现金流进行投资安排。从实质上看，国债远期交易是国债期货的雏形，与国债期货一样具有做空功能和交易放大效应。从国债买断式回购到远期交易，不但是国债交易方式的不断增加，而且是做空机制的不断完善，为以后发展国债期货打下基础。国内利率衍生品的交易现况见表 1 - 6、图 1 - 4。

表 1 - 6　　利率衍生产品交易情况

品种时间	债券远期		利率互换		远期利率协议	
	交易笔数（笔）	金额（亿元）	交易笔数（笔）	名义本金额（亿元）	交易笔数（笔）	名义本金额（亿元）
2005 年	108	178	—	—	—	—
2006 年	398	664.5	103	355.7	—	—
2007 年	1 238	2 518.1	1 978	2 186.9	14	10.5
2008 年	1 327	5 005.5	4 040	4 121.5	137	113.6
2009 年	1 599	6 556.4	4 044	4 616.4	27	60.0
2010 年第一季度	552	1 951.4	1 872	2 098.1	0	0
2010 年第二季度	92	404.2	2 390	2 758.2	2	5.0

数据来源：中国人民银行《中国货币政策执行报告》2010 年第二季度

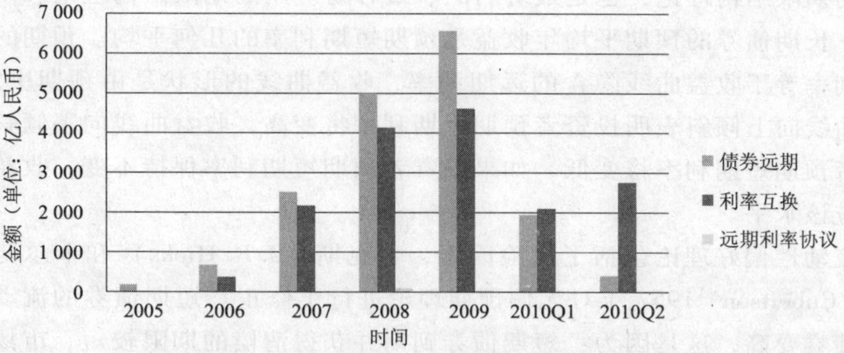

图 1－4　人民币利率衍生性商品统计图

1.2　利率期限结构理论与模型的研究现状

利率衍生品的定价研究与利率期限结构的研究是分不开的。利率期限结构是到期期限和利率之间的关系。根据不同的利率概念，可以表述为不同的利率期限结构。体现为下列四种期限结构：即期利率期限结构，远期利率期限结构，零息票债券价格期限结构（也称贴现因子期限结构）和零息票债券的收益率期限结构。这些期限结构的关系是等价的，可以互相转换。利率期限结构是资产定价、金融产品设计、保值和风险管理、套利以及投机等的基准。利率期限结构的研究是金融领域的一个基本课题，也是为利率衍生品准确定价的前提。

1.2.1　传统利率期限结构理论

传统的利率期限结构理论主要集中于债券收益率曲线形状及其形成原因的研究，形成如下四种理论和一种方法：无偏预期理论、流动性偏好理论、市场分割理论、优先资产理论和描述期限结构的静态方法。

无偏预期理论首先由伊文 · 费歇尔（Irving · Fisher，1892）提出，是最古老的期限结构理论，也是最著名的、最容易应用的期限结构理论。该理论认为，长期债券的预期平均年收益是预期短期利率的几何平均。预期的未来短期利率等于收益曲线隐含的远期利率，收益曲线的形状是由预期决定的。收益曲线向上倾斜表明投资者预期短期利率将变高，收益曲线向下倾斜表明投资者预期短期利率将变低。如果投资者预期短期利率保持不变，收益率曲线就应该水平。

流动性偏好理论包括了风险因素，希克斯（J. R. Hicks）和卡尔博特森（J. M. Cubertson）1957年对无偏预期理论进行了修正。短期债券的流动性比长期债券要高，这是因为：短期债券到期并获得清偿的期限较短，市场变化导致的价格波动比长期债券要少得多，因而更易于定价。如果投资者是风险回避者，对高流动性债券的偏好将使得短期债券的利率水平低于长期债券。范·霍恩（VanHorne，1965）断定，远期利率除了包括预期信息之外，还包括风险因素，它可能是对流动性的补偿。影响短期债券流动性补偿的因素包括：不同期限债券可获得不同程度的变化以及投资者对流动性的态度。

市场分割理论假设市场是由具有不同投资要求的各种投资者组成。莫迪里安尼（Modighiani）和苏茨（Sutch，1996）提出，不同投资者具有明显的区别，每种投资者都偏好投资曲线的特定部分，所有投资者都偏好于使其资产期限和债务期限相匹配的投资，即预期的未来短期即期利率与隐含远期利率之间没有正式关系，而且收益曲线的形状是供给与需求的函数。

优先置产理论力图将上述理论统一起来，主要观点是长期利率是市场对未来短期利率的预期的几何平均加上期限补偿。不同期限的债券之间是可以互相替代的，但人们购买证券又有一定的期限偏好，只有当其他期限的证券具有较高的预期收益率时，才会转向购买其他期限的证券。期限较长的证券必须含有期限补偿，这一理论能较好地解释经验事实。短期利率的上升会导致对未来短期利率较高的预期，从而使长期利率也有升高的趋势，反之亦然。不同期限无风险利率有相同的走势。期限补偿通常为正，所以市场预期短期利率上升或者即使保持不变，都会使收益曲线上翘。如果市场预期未来的短期利率下降甚至下降得很厉害，即使期限补偿为正，收益曲线也会出现平坦甚至下垂的现象。

本书把描述利率期限结构的静态方法也归为传统理论进行介绍。静态分析方法，就是指对某个时点的整个利率期限结构的分析和估计。具体有两种方法：一种是线性条件下的息票剥离法。假定两个最近期限之间的利率服从线性变化关系，将息票从附息票债券中进行剥离，并在此基础上估计零息债券利率结构。另一种是非线性条件下的样条估计法。样条估计法通过一个贴现函数将不同时期的息票和本金贴现到当前时刻，通过贴现总值和目前债券价格的拟合对贴现函数进行参数估计，从而得出不同期限的利率结构。根据样条函数具体形式的不同分为多项式样条法、指数样条法和 B-spline 样条函数法。相关的研究[4,5,6]有 McCulloch（1971）、Lin and Yeh（2001）、Carleton and Cooper（1976）、Shea（1984）、Fisher、Nychka and Zervos（1995）等。Jeffrey，Linton and Nguyen（2000）对不同的贴现函数估计结果进行了比较。郑振龙，林海（2003）[7]利用息票剥离法和样条函数法对我国 2001 年—2002 年的国债利率期限结构进行静态的估计，比较这两种估计方法的静态估计结果，在此基础上分析我国利率期限结构的变化特征。

1.2.2 现代利率期限结构理论与模型

现代金融理论有两类基本方法：均衡定价法和无套利定价法。现代利率期限结构理论二十年来的发展历程中，学者们分别从两种定价方法的角度，围绕以下三个方面展开研究：利率水平的期限结构，利率波动率的期限结构和不同到期日的远期利率之间相关性的期限结构。

在均衡分析中，投资者依托利率衍生品表达他们对未来期限结构演变的各种复杂观点。有的观点预测利率的上升和下降，通过最简单的衍生品，如利率期货、利率互换协议来表达。有的观点预测收益率曲线形状平坦或是陡峭，同时伴随着利率水平的上下移动。还有的观点对收益率曲线发生特定变动的时间做出预测。能够做出准确预测的投资者就可以在这个过程中获得回报。按照这种情况，模型能否正确拟合市场价格变得无关紧要，如果认为某一模型正确，其输出结果与市场价格不一致恰好是指出了获利的机会。这类模型无需与观察到的市场价格匹配，称之为均衡模型。均衡模型通过成功地描述整体市场的状况和变动趋势，成为这种观点的代表。

在无套利分析中，套利的投资者对利率衍生品定价的目的是想与组合中其他资产形成对冲。这些资产包括利率上下限期权、利率互换、互换期权，远期利率协议、期货，还包括一些简单的基础工具，如债券。这些资产的价格被认为是正确而不用怀疑的，因此模型能否正确地还原现有资产的价格是至关重要的，这是无套利模型的主要任务和优势所在。

现代利率期限结构理论以 1973 年 Merton[8] 模型为标志，其研究的主要依据是现代金融理论的两个基本框架：一般均衡框架和无套利框架。在这两个框架下，分别发展出一系列著名的均衡模型和无套利模型。

1.2.2.1 单因素均衡模型

不同期限的利率之间表现出很强的同期相关性，这表明利率变动是由少数几个共同因素决定的。Litterman 和 Scheinkman（1991）[9] 通过研究 1984 年 1 月—1988 年 6 月的数据发现，对从 6 个月期到 18 年期各个期限的债券，其每周收益率增量的变异性可以由三个因素变动的组合来解释，即前三个"主成分"，它们分别称作利率水平、斜率、曲率因素。其中第一因素可以解释 90% 以上的变动性。近年来许多学者用各种数据序列来估计短期利率的变异性，包括短期欧洲美元存款的收益，短期国库券收益和联邦储备利率，并进一步对他们的发现进行研究。

Chapman 和 Pearson（2001）[10] 使用 1971 年 1 月—2000 年 4 月的一个月期欧洲美元利率研究了数据的时间序列和截面性质，波动率用一个月内每天利率变动的标准差来表示，他们发现：第一，短期利率序列是一个持续的时间序列，在连续的很长一段时间内，它总是无条件地在长期均值的上方和下方波动，表现出较强的黏性。第二，在 1979 年—1982 年这一时段，短期利率的平均水平和平均波动率远远高于 1971 年—2000 年期间的其他年份。第三，短期利率水平的波动即随时间的变化又具有一定的持续性。他们又使用了 1962 年—2000 年 4 月五年期固定期限国债的收益率数据进行分析，发现虽然这一序列的均值和波动率低于前面的欧洲美元利率，但利率水平和波动的整个活动过程表现出相似的性质。这些性质在 1 年期 ~30 年期的固定期限国债收益率数据中也可以观察得到。

单因素均衡模型中，短期利率 r 只包括一个不确定性来源，一般形式用下列过程表示：

$$dr(t)=\mu(r)dt+\sigma(r)dW_t \tag{1-1}$$

（1-1）式表明短期利率的变化可以分解成两个部分，漂移项 $\mu(r)dt$ 和扩散项 $\sigma(r)dW_t$，dW_t 是维纳过程，代表对短期利率的随机冲击，这个随机冲击对利率变化的影响用瞬时波动性 $\sigma(r)$ 衡量。$\mu(r)$ 和 $\sigma(r)$ 只与当前的利率水平 r 有关，独立于时间。在短期利率的漂移项和扩散项上加一些限制，可以得到四种重要的单因素均衡模型：Merton 模型、Vasicek 模型、

Cox-Ingersoll-Ross（CIR）模型、双平方根模型。表 1－7 归纳了这些模型的参数特征。

表 1－7　　单因素均衡模型归纳表

模型名称	$\mu(r)$	$\sigma(r)$	一般形式
Merton	μ	σ	$dr(t)=\mu dt+\sigma dW_t$
Vasicek	$a(\theta-r)$	σ	$dr(t)=a(\theta-r)dt+\sigma dW_t$
CIR	$a(\theta-r)$	$\sigma\sqrt{r}$	$dr(t)=a(\theta-r)dt+\sigma\sqrt{r}dW_t$
双平方根	$a(\theta-\sqrt{r})$	$\sigma\sqrt{r}$	$dr(t)=a(\theta-\sqrt{r})dt+\sigma\sqrt{r}dW_t$

Merton 于 1973 年首先提出了最简单的单因素模型，假设短期利率过程具有常数期望增长率 μ 和常数波动率 σ。这个假设很不理想：利率可能出现负值，并且不具有均值回复特点。当利率较高时，借款人的筹资成本上升，对货币的需求下降，所以利率会下降。反之利率较低时，对货币的需求增加，利率会上升。随时间的推移，利率呈现出向某个长期平均水平收敛的趋势，这个现象称之为利率的均值回复。

Vasicek[11]于 1977 年提出了第一个满足均值回复性的利率期限结构模型。模型中 a，θ，σ 为常数，r 围绕利率的长期平均值 θ 上下波动，参数 a 反映了利率回复到 θ 的速度。均值回复过程使极端利率出现的概率相当小，因此更适用于描述现实情况。但该模型中利率可以出现负数，破坏了利率的非负性。

Cox，Ingersoll 和 Ross[12]于 1985 年提出了著名的 CIR 模型，在持续竞争经济的一般均衡条件下，得到了一个单平方根过程，模型中 a，θ，σ 为常数，模型中的利率过程具有均值回复性和非负性，回复速度为 k，短期利率变化的方差与利率水平的平方根成正比。

1989 年，Longstaff[13]对单平方根 CIR 模型进行了修改，得到了双平方根模型，而后 1992 年 Beaglehole 和 Tenny[14]对 Longstaff 模型进一步修订，模型中的 a，θ，σ 为常数，且 $a\theta=\sigma^2/4$。双平方根模型的理论框架和推导方法与 CIR 模型类似，此模型下 $r(t)$ 非负且是均值回复的，由于 a，θ，σ 中只有两个量是独立的，所以在模型运用上比 CIR 模型更加方便。

Duffie 和 Kan[15]于 1996 年提出了仿射期限结构的概念，仿射期限结构不是一个模型，而是归纳了一类利率期限结构模型，这类模型的特点是短期利率服从扩散过程，漂移项与扩散项服从仿射形式。Brown 与 Schafer

(1994)[16]证明了从仿射期限结构中推导出零息债券 $P(t,T)$ 在初始条件 $P(T,T)=1$ 时解的形式为：

$$P(t,r,T)=\exp[A(t,T)-B(t,T)r(t)] \tag{1-2}$$

符合上述条件的短期利率模型叫做仿射模型。Merton 模型、Vasicek 模型和 CIR 模型都是仿射模型。

1.2.2.2 多因素均衡模型

多因素模型是单因素模型的发展。单因素模型把短期利率作为解释期限结构的唯一变量，认为不同期限债券的价格受同一个随机冲击量 dW_t 的驱动，这与实证研究的发现不同。多因素模型认为期限结构的动态演变受多个因素驱动，这些因素可以是宏观政策的冲击、当前的利率水平、收益率曲线的斜率、收益率曲线的曲率等。多因素模型比单因素模型更好地描述现实利率行为，但较为复杂，一般得不到解析解，表 1-8 归纳了著名的多因素利率期限结构模型。

表 1-8　　多因素均衡模型归纳表

模型名称	随机因素	模型形式
Brennan-Schwartz	短期利率 $r(t)$ 长期利率 $l(t)$	$\begin{cases} dr(t)=\mu_1(r,l,t)dt+\sigma_1(r,l,t)dW_1(t) \\ dl(t)=\mu_2(r,l,t)dt+\sigma_2(r,l,t)dW_2(t) \end{cases}$
Fong-Vasicek	短期利率 $r(t)$ 随机方差项 $\nu(t)$	$\begin{cases} dr(t)=(\bar{r}-r(t))dt+\sqrt{\nu(t)dW_1(t)} \\ d\nu(t)=b(\bar{\nu}-\nu(t))dt+\delta\sqrt{\nu(t)dW_2(t)} \end{cases}$
Longstaff-Schwartz	因素 X 因素 Y	$\begin{cases} dX(t)=(a-bX(t))dt+c\sqrt{X(t)}dW_1(t) \\ dY(t)=(d-eY(t))dt+f\sqrt{Y(t)}dW_2(t) \end{cases}$

Brennan 和 Schwartz[17]于 1979 年提出双因素模型、简称 BS 模型。特殊情况下，可以分别选取短期利率 $r(t)$ 和长期利率 $l(t)$ 作为两个驱动因素。该模型认为短期利率 $r(t)$ 的水平和波动性会影响到长期利率 $l(t)$。在模型中 $l(t)-r(t)$ 可以近似看成是收益率曲线的斜率。Brennan 和 Schwartz 于 1982 年对模型进行了改进，使得 $r(t)$、$l(t)$ 具有均值回复性。从模型本身的形式来看，BS 模型只要求长期利率和短期利率不能是完全线性相关的，由于长期利率的线性组合可以作为收益率曲线平均水平的近似量，长短期利率之差

可视为斜率的近似量，所以BS模型在涉及主成分分析的统计应用等方面有着广泛的用途。Dybvig，Ingersoll 和 Ross（1996）[18]证明了如果排除了套利机会则模型中的长期利率是不能下降的，因此在BS模型的特殊形式中可能隐含着套利机会。BS模型虽然使用的是长期利率这一特殊例子，但是更重要的是，他们指出了双因素建模的一个发展方向。Schaefer 和 Schwartz（1984）[19]的模型就是选择了长期利率 $l(t)$ 和中间利差作为两个因素建模。另一种建模的思路是把 Vasicek 模型和 CIR 模型扩展到多因素的情形，其主要着眼点不再是从收益率曲线上选择几个代表点，而是以短期利率 $r(t)$ 为核心，把 $r(t)$ 的方差作为第二因素引入。这就是下面将要介绍的 Fong-Vasicek 模型和 Longstaff-Schwartz 模型。

Fong 和 Vasicek[20]于1991年将原 Vasicek 模型扩展到两因素情形，用短期利率与长期利率之间的利差作为第二因素。$\bar{r}$和$\bar{\nu}$分别是短期利率和利率方差的均值。显然短期利率和方差都具有均值回复性，回复速度分别为 a 和 b。$\sqrt{\nu(t)}$是非负的，且服从平方根过程，但是 $r(t)$ 仍可能小于零。

Longstaff 和 Schwartz[21]于1992年在 CIR 一般均衡分析框架下提出了一个两因素模型，他们选择了 $r(t)$ 和 $\nu(t)$ 作为考虑因素，但是没有把它们作为直接因素，而是作为两个经济因素 $X(t)$ 和 $Y(t)$ 的线性组合。Longstaff 和 Schwartz 没有给出 $X(t)$ 和 $Y(t)$ 的具体含义，只给出了所满足的微分方程。$X(t)$ 和 $Y(t)$ 具有均值回复性，且均保持非负性。$r(t)$、$\nu(t)$ 与 $X(t)$、$Y(t)$ 的关系是：

$$\begin{cases} r(t) = (uc^2)X(t) + (\theta - \sigma^2)f^2 Y(t), \\ v(t) = (u^2c^4)X(t) + (\theta - \sigma^2)f^4 Y(t) \end{cases} \tag{1-3}$$

1.2.2.3 无套利模型

均衡模型中的参数可以从历史数据回归中得到。但是由于利率期限结构的行为方式是不断变化的，对历史数据拟合效果较好的模型常常不能较好地拟合当前的市场价格。经济学家们通常用均衡模型来理解期限结构的形状并对未来经济状况进行预测。然而实际中较少直接使用均衡模型，交易商们更喜欢使用无套利模型，因为这些模型把市场价格作为外生变量，使得基础期权的模型价格与市场价格一致。这样能够正确拟合当前的期限结构，并能够保证衍生品头寸准确地对冲基础资产的风险。

表1-9列示著名的无套利模型。

表 1-9　无套利模型归纳表

模型名称	模型形式	参数说明
Ho-Lee	$dr(t)=\theta(t)dt+\sigma dW_t$	$\theta(t)=F_t(0,t)+\sigma^2 t$
Hull-White	$dr(t)=(\theta(t)-ar(t))dt+\sigma(t)r^{\beta}(t)dW_t$	$\theta(t)=F_t(0,t)+\sigma^2 t$
BDT	$dy(t)=\{c(t)+a(t)[b(t)-y(t)]\}dt+\sigma(t)dW_t$	$y(t)=\ln[r(t)]$, $b(t)=\ln[\mu(t)]$, $c(t)=\partial b(t)/\partial t$, $a(t)=-\partial\ln[\sigma(t)]/\partial t$.
HJM 类	$df(t,T_1,T_2)=\delta\left[\left(\frac{\partial\delta}{\partial T}\right)_P+\left(\frac{\partial\delta}{\partial T}\right)_T\left(\frac{\partial P}{\partial T}\right)\right]dt+\left[\left(\frac{\partial\delta}{\partial T}\right)_P+\left(\frac{\partial\delta}{\partial T}\right)_T\left(\frac{\partial P}{\partial T}\right)\right]dW_t$	$\delta(t,T,P)=\frac{\nu(t,T,P)}{P(t,T)}$ $f(t,T_1,T_2)$是远期利率

1986 年，Ho 和 Lee[22] 提出了第一个无套利利率期限结构模型。他们认识到在 $r(t)$ 以随机方式运动时，只需允许 $r(t)$ 的漂移量可以随时间改变就能够拟合任意一种形式的初始期限结构，这一发现为利率模型的发展开辟了广阔的研究空间。模型中短期利率标准差 σ 是常数，$\theta(t)$ 是为了保证模型与初始期限结构一致而选择的时间的函数。变量 $\theta(t)$ 定义了在 t 时刻 r 的平均运动方向，$F_t(0,t)$ 是瞬态远期利率曲线对 t 的偏导数，即斜率。Ho-Lee 模型没有考虑到短期利率的均值回复性，而且假定随机冲击对利率波动性的影响 σ 为常数，这与实证观察结果不符。

Hull 和 White[23] 于 1990 年将 Vasicek 模型扩展为一个参数时变的过程。Hull-White 模型最大的贡献就在于同时解决了这两个问题：一是随机部分具备时间衰减特性，意味着短期利率过程在很久以后实质上已经从一个随机过程变成一个确定性过程，长期利率比短期利率更容易预测；二是使短期利率具有均值回复性。然而 Hull-White 模型仍有利率为负的缺陷。

1990 年，Black，Derman 和 Toy[24] 提出了 BDT 模型，该模型假设短期利率服从对数正态分布，一方面避免了负利率的出现，另一方面允许波动率结构采用百分比波动率的形式，这与市场习惯的表示方法一致。该模型的一个特征是均值回复的速度是波动率的函数，因此当短期利率的波动率为常数时，模型不具有均值回复性；如果短期利率的波动率是随时间衰减的，模型具有均值回复性。由于短期利率的均值回复速度 $\frac{\sigma'(t)}{\sigma(t)}$ 直接取决于波动性结构，在同时拟合初始利率期限结构和波动性结构时带来许多不便，因此 Black 和 Karainski[25]于1991年提出了一个均值为变量形式的模型，

$$d(\ln r(t)) = (\theta(t) - k(t)\ln r(t))dt + \sigma(t)dW_t \tag{1-4}$$

该模型对 BDT 模型进行了推广，加入了时变的均值回复速度，这更符合市场的特征。

Heath，Jarrow 和 Morton[26]于 1992 年提出一种新模型，简称 HJM（Heath-Jarrow-Morton）模型，与其他模型先模拟短期利率，再导出远期利率的思路不同，HJM 直接模拟远期利率，并指出了远期利率漂移项与扩散项之间的关系，以及远期利率漂移项和零息债券波动率之间的关系。HJM 模型代表一整类模型，它的具体形式需要根据使用者自己设立波动率函数之后才能确定下来。HJM 的缺陷在于可能产生负利率或无穷大的利率。另外 HJM 导出的短期利率 $r(t)$ 一般不具有 Markov 性，这使得在用二叉树分析 $r(t)$ 时，任何一期的结点都不会重合，即第 n 期的结点数为 2^n 个，这使得计算十分复杂。

1.2.2.4 利率期限结构模型的最新进展

近年来利率期限结构模型有了新发展，如市场模型、随机弦振动模型、随机域模型、非参数模型和跳跃扩散模型等。

HJM 模型激起人们不断探索应用 HJM 模型来为衍生品进行有效定价的可行途径，以前模型使用的环境变量一般都是不可直接观测的变量，事实上不可观测变量与可观测变量之间的关系是很复杂的。Brace、Gatarek 和 Musiela（1995）[27]、Jamshidian（1996）[28]分别发展出一套用市场可观测的离散变量直接建模的方法，称为市场模型。市场模型把期权价格和市场利率直接联系起来，在利率衍生品定价上有着广泛的应用。市场模型虽然是建立在 HJM 方法的一般框架下，但是结构简单，可以得出利率上限、利率下限和互换期权的封闭解，而且对于更复杂的衍生品定价及套期保值应用容易。市场模型的缺陷在于它的效果取决于设定的远期利率过程，而这一设定在实证中是否成立还没有确定的答案。

Santa. Clara 和 Sornette[29]提出的随机弦振动模型是 HJM 的一种发展。随机弦来源于物理学，它是一种不同于 Brown 运动的噪声源，在单因素 HJM 中由于不同的远期利率的扰动都来源于同一个 Brown 运动，所以不同的远期利率是完全相关的。随机弦模型把远期利率一维随机过程 $W(t)$ 推广到二维

随机过程 $Z(t,x)$，是一个二维噪声源过程，从而减弱了相关性的要求。

不同期限利率之间相关性的结构直接影响到套期保值策略的选择。在多因素模型中，相关结构由有限个数的因素决定，这不能准确地反映到期期限接近的债券之间相关性的细微差别。Kennedy（1994）[30] 和 Goldstein（1997）[31] 提出的随机模型中每个瞬时远期利率都受到自身冲击的驱动，并可以按到期时间来排序，而且各冲击之间是不完全相关的。由于远期利率曲线上的每一点都受到自身冲击的影响，该模型是无限维的。这类结构使得模型能够拟合任何时刻远期曲线的动态变化，这是传统的多因素模型所不能办到的。

随机利率过程的复杂性决定了仅用布朗运动来描述是不完全的，布朗运动的样本轨迹是连续的，但利率过程的连续性经常会被一些不可预测的随机事件破坏，这些事件包括类似金融危机、股市崩盘等重大的利空消息，也包括重大的利好消息。为了在模型中充分反映这种突发事件的影响，需要加上一个可在极其短的时间间隔产生巨大变化的干扰项，即需一个可产生跳跃的过程。跳跃过程用泊松过程来描述。为了在模型中充分反映稀有事件的影响，可以把利率过程的随机部分分解为纯的随机跳跃过程与 Brown 运动的叠加，所谓纯跳跃过程是指一个连续时间的随机过程，其样本函数是阶梯函数，即仅在跳跃点发生变化，而两次跳跃之间维持不变。

由美国学者 Aït-Sahalia. Y（1996）[32-36] 提出的半非参数模型，Stanton（1997）[37] 提出的非参数模型，随后不断发展为非参数模型族，克服了传统的参数化模型先对利率的概率分布和参数形式进行某种假设的缺点。依靠数据说话，用非参数估计的核函数方法进行估计。这类模型在参数的估计方法上与传统参数模型估计有差异，成为以往参数利率模型的对立分支。它依赖于数据，理论界存在着不同的看法，有的认为非参数模型并非良好地反映利率的真实走势。国内学者李和金（2002）[38] 在已有的利率期限结构基础上，利用随机过程和非参数的核函数估计方法，建立了一种基于扩散跳跃过程的非参数利率期限结构模型。采用上海证券交易所的国债回购利率数据对建立的模型进行了实证检验，并与 Vasicek、CIR 模型进行了比较。结果显示，短期利率扩散过程的漂移函数和扩散函数都是非线性的，短期利率的概率分布不服从参数模型所假设的分布。

1.3　利率期限结构模型的实证研究现状

利率期限结构的实证研究与时间序列分析技术的发展是密不可分的，得到的实证结论受到使用的数据和计量方法的直接影响。Chen 和 Scott（1992）[39]、Pearson 和 Sun（1994）[40] 使用最大似然法，Gibbons 和 Ramaswamy（1993）[41]、Heston（1993）[42] 使用广义矩法，Litterman 和 Scheinman（1991）[9] 使用因素分析法都得出了单因素模型不能很好拟合收益率曲线的结论。DeMunnick 和 Schotman（1992）使用荷兰债券市场的数据对 Vasicek、CIR 模型进行了检验，也得出类似的结论。Brown 和 Dybvig（1986）[43] 用截面数据检验了 CIR 模型，他们发现长期均值和波动率参数不能保持稳定，这表明该模型设定有误，Pearson 和 Sun（1994）使用最大似然法也支持早先的发现。而 Gibbons 和 Ramaswamy（1993）使用了广义矩估计法对短期国债利率的无条件分布进行检验，得到了相反的结论。由此可见，这些检验结果不是结论性的，在很大程度上，依赖于使用的数据和计量方法。

Chan、Karoly、Longstaff 和 Sanders（1992）[44] 使用美国市场短期利率数据对单因素模型进行了检验，得到了一些新的发现，如波动率的弹性系数为 1.5，这表明数据的时间序列不是稳定的。它们的研究还表明，Vasicek、CIR 模型的效果还不及 Dothan[45] 模型。他们认为，模型是否具有均值回复性不重要，而能否正确对波动率建模才是关键的。他们还认为好的模型应该是能够允许短期利率的运动依赖于利率水平。Neyman（1997）[46] 使用英国市场的数据得到的结论却是均值回复性比波动率更重要的结论。Dahlquist（1994）使用瑞典和丹麦市场的利率得到均值回复性很重要，并且利率水平和利率波动率存在正相关关系。Stanton（1997）使用非参数法对 1965 年—1985 年美国市场的数据进行估计，发现单因素模型的漂移系数存在非线性性质，即在低利率水平均值回复性低，而在高利率水平均值回复性高。

Longstaff 和 Schwartz（1992）、Litterman、Scheinman 和 Weiss（1991）的检验表明增加因素的数目会增加拟合的效果，因此多因素模型是合理的。并且 Pearson 和 Sun（1994）研究表明两因素不够，利率曲线的平移和扭曲至少应该是用三因素，但多因素模型对利率衍生品定价非常复杂。

对 HJM 模型类，Carverhill（1995）[47] 单因素马尔可夫模型在定价和对冲的时候具有良好的效果，而更复杂一些的模型可以捕捉利率期限结构演变更多的性质，拟合难度大，应用困难。Amin 和 Morton（1994）[48] 使用六种不同波动率结构，包括正比例、平方根正比例、绝对数值、非线性系数、指数等形式对期权价格检验，表明隐含波动率函数不是平稳的，双因素模型定价效果更好，但增加了参数的不稳定性。

在利率期限结构理论与模型不断发展的同时，关于这些理论与模型的实证研究也在进行，学者们在实证研究中发现问题的同时进一步推动了理论研究的发展。国内外关于利率期限结构模型的实证分析可以从三个方面来阐述：一是关于漂移项的研究，集中在漂移函数的均值回复性和非线性特征上；二是关于扩散项的研究，解释利率的波动性和当前利率水平之间的关系，以及波动率的异方差特征；三是关于跳跃项的研究。

1.3.1 有关漂移项的实证分析

在 Vasicek 和 CIR 模型中，漂移项 $\mu(r_t)$ 和当前的利率水平 r_t 呈线性关系：

$$\mu(r_t) = a_0 + a_1 r_t \tag{1-5}$$

为了保证均值回复的要求，a_1 必须小于零，而截距 a_0 通常大于零。Chan，Karolyi，Longstaff 和 Sanders（简称 CKLS，1992）对月度国债收益率进行了检验，$a_1 < 0$ 并不显著。关于 $a_1 < 0$ 是否成立现在仍没有确凿的研究结论。关于漂移项的斜率是否与利率水平成线性关系，AitSahalia（1996），Stanton（1997）和 Conley et al.（1997）[49]，使用非参数方法得出短期利率漂移项具有明显的非线性特征，在较高的利率水平下，均值回复性强烈，在一般的利率水平下，均值回复速度接近于零，且估计得到的条件波动率呈凸状，是短期利率水平的增函数。Jones（2000）[50] 在贝叶斯条件下得出结论，如果漂移函数的形状隐含某些先验信息假设，那么可以拒绝漂移项线性的假设。Downing（1999）[51] 研究发现非参数核估计的有限样本偏差可以解释条

件均值中的非线性，强烈地拒绝了波动率的线性假设。

但是这些研究结果仍然存在争议，Pritsker（1998）[52] 指出 AitSahalia 的检验结果对漂移系数的选择十分敏感，当选取的漂移系数接近于零时，AitSahalia 得到的结论就不成立了。Chapman 和 Pearson（2000）[53] 使用了另一种检验方法，认为 AitSahalia 的结果不合理，主要因为市场上没有可以观察到的利率极端值样本，而是采用了 Monte-Carlo 法模拟利率实现过程，研究结果表明在小样本情况下，仿射参数模型的短期利率条件均值用非参数方法估计也能产生非线性特征。

非线性的研究主要集中在极端值范围，对于 Var 的计算、资产负债配比管理和长期债券的定价都有重要的意义。实证研究面临的主要问题在于极端值的数量总是很少，而从这样少的样本中得到肯定性的结论是很困难的。

1.3.2　有关扩散项的实证分析

冲击项的波动性区别于利率的波动性，利率波动性中的趋势部分已经被分离出来，用 $\mu(r_t)$ 表示，剩下的是纯粹的波动项。由于冲击本身是标准的维纳过程，对短期利率的影响要通过 $\sigma(r_t)$ 来反映。

大部分单因素利率期限结构模型扩散项 $\sigma(r_t)$ 是利率水平的函数，在实证研究中最常见的模型是 Chan、Karolyi、Longstaff 和 Sanders（简称 CKLS，1992）提出的固定波动弹性模型，

$$\sigma(r_t) = \beta_0 r_t^{\beta_1} \tag{1-6}$$

其中 $\beta_0 > 0$。

当 $\beta_1 = 0$ 时，是 Vasicek 模型的形式；

当 $\beta_1 = 0.5$ 时，是 CIR 模型的形式；

当 $\beta_1 = 1$ 时，是 BS 模型的形式。

CKLS 研究了 1970 年 1 月到 1997 年 1 月的美国国债收益率，得到的最佳 β_1 值在 1.5 左右，这意味着利率水平每增加 1%，冲击项的波动性会相应增加 1.5%。Bliss 和 Smith 在 1998 年指出，CKLS 错误地将 1979 年—1982 年之间的数据包括在样本之内，他们认为这一期间内美联储为解决经济滞胀问题改革了货币政策，使利率保持在很高的水平，利率的结构和运行方式发生了改变，因此应消除这一期间内数据的影响，他们经过重新计算认为 β_1 应为 0.948 左右，目前对是否应该在样本中包含这一段高利率期

间还有许多争论。Koedijk（1997）[54]认为β_1太大的话，利率过程的稳定性无法证明。Brenner（2000）[55]研究表明，因模型条件方差的误设也可能引起β_1值过大。

单因素模型最大的缺陷在于不能合理地描述利率条件波动率的序列相关性。Bollerslev（1986）[56]提出了带有广义自回归条件异方差（GARCH）的模型来捕捉利率波动率的序列相关性。但是Bali（2003）[57]，Rodrigues and Rubia（2003）[58]认为这种带有GARCH的模型可能是非稳定的，使得利率过程发散，不能合理描述利率水平与波动率之间的关系。他们认为条件波动率应同时包含利率水平与GARCH效应。Brenner、Harjes and Kroner（1996）[59]提出了一个考虑波动率滞后效应的利率期限结构模型。在这个模型中，波动率不仅与利率水平相关，还和信息相关。

吴硕思（2000）[60]用GARCH模型来刻画市场因素对国债市场即期利率波动的不对称影响，提出了一个新的带有非对称广义自回归条件异方差的线性回归模型，证明了该模型宽平稳和偶数阶矩存在的两个定理。吴雄伟，谢赤（2002）[61]在包含利率水平和GARCH过程的利率模型研究基础上，考虑好坏消息对利率波动性影响的不同，通过加入新的参数对模型进行改进，提出了一个新的统一框架，并利用中国的利率数据完成了相关的实证研究。

1.3.3 有关跳跃项的实证分析

Hamilton（1988）[62]通过研究美国市场利率，发现利率过程存在因为制度转变而发生的跳跃。Das（1994）[63]发现利率行为显示出连续的波动与非连续的跳跃，而这些跳跃的发生与市场现象有关，例如联邦干涉，惊奇消息或者外汇市场波动的冲击。Ahn和Thompson（1988）[64]在CIR模型的平方根利率过程中加入跳跃项。Baz和Das（1996）[65]在Vasick模型中加入跳跃项。Bing-Huei Lin（2001）[66]研究了台湾债券市场，结果发现跳跃扩散过程比普通扩散过程拟合期限结构的误差小，而且能够反映利率行为的跳跃性。

1.4　国内外关于利率衍生品定价方法的研究现状

利率衍生品是一类重要的金融衍生工具，其收益在某种程度上依附于利率水平，在二十世纪八十年代和九十年代早期，场外市场（Over-The-Counter，即 OTC 市场）和场内交易市场的利率衍生证券的交易量迅速增加，已经开发出许多新产品以满足最终客户的需要，如利率期货、远期利率协议、利率期权、利率互换等。统计显示，2001 年全球金融衍生品的交易量中，利率衍生品要占到95%。这就告诉我们，要想有效地从事金融创新，做好对利率衍生品的研究十分必要。为利率衍生品定价的方法分为三类：偏微分方程（Partial Differential Equation）法、随机贴现因子法和数值方法。

1.4.1　偏微分方程法

PDE（偏微分方程）法是根据不同的利率期限结构模型，以及不同的利率衍生品与短期利率的关系，确定利率衍生品的价格与短期利率之间的函数关系，再利用 Itô 引理确定其满足的 PDE，再根据各自的边界条件，即可解出衍生品的价格。在无套利条件下，衍生品价格所满足的 PDE 漂移系数与扩散系数之间通过风险的市场价格相联系。

设短期利率 $r(t)$ 满足：

$$dr(t) = \mu_t dt + \sigma_r dWt \tag{1-7}$$

（1－7）式中的 μ_r，σ_r 是 $r(t)$ 和 t 的函数。衍生品的价格用 F 表示，则 F 是 t，$r(t)$ 及期限 T 的函数。在无套利的条件下，F 满足下列 PDE：

$$F_t + (\mu_r - \lambda\sigma_r)F_r + \frac{1}{2}\sigma_r^2 F_{rr} - rF = 0 \tag{1-8}$$

（1－8）式中 λ 是风险的市场价格，他与衍生品的到期日 T 无关，仅是 $r(t)$ 及 t 的函数。

零息债券价格 $B(t,T)$ 一般看作为利率衍生品依赖的基础变量，它同样满足上面的 PDE，边界条件是 $B(T,T)=1$。对于零息债券的欧式期权，设协议价格为 K，基础债券的期限为 T，期权的期限为 T_c，则边界条件是：

$$F|_{t=T_c}=\max(B(T_c,T)-K,0) \tag{1-9}$$

类似地，欧式看跌期权的边界条件是：

$$F|_{t=T_c}=\max(K-B(T_c,T),0) \tag{1-10}$$

显然在（1-9）和（1-10）式中要求 $T>T_c$，对于其他的利率衍生品，也不难得到相应的边界条件。边界条件代表各种衍生产品的约束条款，从现有的金融产品和问题来看，边界条件是变化的，最明显的边界条件通常是衍生合同最初和最终的价值。

综上所述，用 PDE 法来对利率衍生品进行定价，可以把期限结构模型和衍生品与短期利率 $r(t)$ 的函数关系，即边界条件作为输入，衍生品价格作为输出，对某些期限结构模型来说，不一定有解析解，可以利用数值方法来定价，在计算中可以根据计算精度的要求调整步长。

1.4.2 随机贴现因子方法

随机贴现因子理论是最近三十年发展起来的一种定价理论。这里所说的随机贴现因子，其经济含义是描述不同时间点上同一证券的价值间关系的量。通过建立随机贴现因子所满足的时间序列，以及它与债券价格之间的关系，最终确定债券及其衍生品的定价公式。鞅定价方法和定价核方法都是利用了随机贴现因子理论，两者的区别在于考虑的风险测度不同。

鞅定价方法最早是由 Harrison 和 Kreps（1979）[67] 提出，经过 Artzner 和 Delbern（1990）[68] 的发展，后由 Heath、Jarrow、Morton（1992）完善。鞅定价方法的基本思想是先选取适当的随机贴现因子，利率衍生品的价格除以贴现因子后得到相对价格或标准化的价格，这一相对价格过程在风险中性测度 Q 下是一个鞅过程，由鞅的定义，可以得到一个等式，即未来的相对价格的条件期望与现在的相对价格相等。

定价核方法（Price Kernel Model）是一种无套利定价法，它把不同期限的零息债券的价格联系在一起，构成一个无套利的价格体系，它首先由 Constantinides（1992）[69] 提出来，后经由 Glasserman 和 Zhao（1998）[70] 发展到 HJM 模型框架下，其优点在于可以直接在真实概率 P 测度下为贴现后的资产价格过程定价。该方法确定了一个定价核，它是一个三变量的函数，且与具体的期限结构模型相关。设在期初时短期利率为 r_0，基于某一期限结构模型，期限为 T 的零息债券的价格为 $B(r_0,0,T)$；设 Δ 为一个正常数，用 $B(r_\Delta, 0, T)$ 表示 Δ 时刻开始的期限为 T 的零息债券的价格，其中 r_Δ 是随机变量，设它的可能变化范围是 $(-\infty, +\infty)$，用 $k(r_0, r_\Delta, \Delta)$ 表示定价核，则这一定价方法表明，在无套利的情况下，下列等式成立

$$B(r_0,0,T+\Delta) = \int_{-\infty}^{+\infty} k(r_0,r_\Delta,\Delta)B(r_\Delta,\Delta,T)\,dr_\Delta \tag{1-11}$$

$k(r_0,r_\Delta,\Delta)$ 可以看作 $B(r_0,0,T)$ 的对于不同 r_Δ 值的权重。在上式中令 $T=0$，则由于

$B(r_0,0,\Delta)\equiv 1$ 得：

$$B(r_0,0,\Delta) = \int_{-\infty}^{+\infty} k(r_0,r_\Delta,\Delta)\,dr_\Delta \tag{1-12}$$

故 $\dfrac{k(r_0,r_\Delta,\Delta)}{B(r_0,0,\Delta)}$ 可以看作 r_Δ 的一个概率密度函数，这指出了一个在具体模型下确定定价核的方法。

于瑾（2002）[71] 证明了 PDE 法和鞅方法是完全等价的，相比之下，鞅方法更直观，也更便于应用。因为直接给出 PDE，不容易看出它的解的形式，即使使用数值计算的方法求解，往往解也很复杂，而鞅方法的形式简洁，求解也相对容易。因为计算积分可以通过查积分表和简单的技巧，如变量替换来完成，这大大优于 PDE 解法。另外在没有解析解的情形下，积分的数值计算也比 PDE 的数值解法简单得多，所以鞅方法得到了广泛的应用。

鞅定价方法的优越性本质在于风险中性这一基本的框架下面所有的利率衍生品的相对价格变成鞅过程，且具有相同的表达式，Girsanov 定理由于给出了从 Q 到 P 的变换，使得鞅方法与定价核方法本质上都是相同的，都是无套利方法。通过随机贴现因子 $N(t)$ 及短期利率模型的不同选取组合，原则上可以确定任何利率衍生品的价格。

1.4.3 数值方法

1.4.3.1 树图方法

树图方法可以为很多衍生品进行定价，包括以股票价格为标的变量的衍生品，也包括以利率为标的变量的衍生品。前者构造股票价格树图，后者需要构造利率树图。股票价格树图是股票价格遵循过程的离散时间表示。同样的，利率树图是短期利率随机过程的离散时间表示。如果树图中的时间步长为 Δt，在树图中的利率是连续计复利的 Δt 期利率。当构造数图时，通常假设 Δt 期利率遵循与对应连续时间模型中瞬态利率同样的随机过程。常见的树图有二叉树图和三叉树图。三叉树图主要的优点是它提供了一个额外的自由度，从而更容易地表示利率过程中诸如均值回复这些特性，但是计算复杂。

1.4.3.2 蒙特卡洛方法

蒙特卡洛方法可以用于处理一般非马尔科夫性质的期限结构模型。在检验欧式期权价格不同的波动率结构的效应时，该方法是有用的工具。其局限性是，该方法不能用于路径依赖的美式期权定价。将打算进行模拟的整个时间分成长度为 Δt 的 n 个时间间隔，于是将利率过程离散化。在假设分布条件下生成大量随机数用于模拟多条路径求得衍生品价格，最终取每条模拟路径得到结果的平均值。为了降低模拟与实际之间的误差，可以在蒙特卡洛模拟中使用相反变量和控制变量的技术。

1.4.3.3 有限差分方法

有限差分方法是利用差分方程替代微分方程。与蒙特卡洛方法类似，对定价变量和时间变量划分相等的小区间，利用衍生品价格函数对利率或者时间变量的导数定义公式的不同形式，逗号将微分方程化解为向前或向后差分方程求解。

1.5 研究内容

1.5.1 章节结构

研究内容简述如下：

(1) 综述利率期限结构理论与模型的发展和研究成果，对应用利率期限结构模型为利率衍生品定价的方法进行全面总结。

(2) 分析现有各种利率期限结构模型的优缺点，寻找进一步研究的入手点，这些入手点分别是利率期限结构中漂移项的非线性问题，波动项的条件异方差问题，突发事件引起的极端利率问题，通过分析并解决这些问题建立新的利率期限结构模型，即带有跳跃特征的随机均值随机波动率利率期限结构模型（Stochastic Mean Drift-Stochastic Volatility-Jump Interest Rate Term Structure，简称 SVJ-SD）。对 SVJ-SD 模型进行实证研究，包括估计模型参数，比较 SVJ-SD 模型与另外五种期限结构模型在估计过程、参数结果以及拟合效果方面的优缺点。

(3) 应用 SVJ-SD 模型得出的利率演变过程对可转换债券定价。分析可转换公司债券的结构和条款，以及内含三种期权的性质。梳理了国内外可转换债券定价的发展历程，建立两因素动态利率转债定价方法，分别用微分方程法和二叉树图法为转债定价。

(4) 由 SVJ-SD 利率期限结构推导远期利率作为基准利率，用二叉树图工具为不含期权、含有利率上下限和双限期权的浮动利率债券定价。对国内发行浮动利率债券提出建议。设计了一种可用作保险业的理财产品的股票关联收益浮动利率债券，讨论关联股票收益函数的三种情况，并分别对三种情况的浮动利率债券定价。

(5) 研究利率期货合约的定价，包括远期利率协议、中长期国债期货和短期国债期货。分析我国推出国债期货的条件。

1.5.2 理论与方法核心点

(1) 同时考虑利率随机过程中的三个难点问题，把三个难点问题融入一个期限结构模型，建立了带有跳跃特征的随机均值随机波动率利率期限结构模型，并对该模型和另外五种特例模型进行了参数估计和比较。这三个难点问题分别是：漂移项的非线性问题，波动项的非条件异方差性问题和突发事件引起的极端利率跳跃性问题。随机均值过程能够比简单的常数均值过程更全面地描述利率随机过程中漂移项的非线性特征。随机波动项的非条件异方差性由 GARCH 过程来描述。在纯扩散过程基础上加入跳跃项，考虑了突发事件对利率行为的影响，以及历史事件对利率将来行为的滞后影响，克服了传统纯扩散模型无法正确预测利率极端行为跳跃性的缺陷。

(2) 通过分析可转换债券的结构特征和条款含义，把转债内含期权中的转换权认定为是一种叫做美式交换期权的新型期权，这与以往研究者们认为转换权是简单欧式期权或者美式期权有所不同。转换权定价模型中变量含义发生变化，通过实证研究发现，交换期权能够比普通期权更准确地反映转换权特征和描述转换权价格。

(3) 用利率二叉树图为路径依赖美式期权定价，创新性地提出股票树图与利率树图结合的二维树图结合法。以往有学者的研究中以树图点对点的一维结合法为衍生品定价，只考虑了一种结合可能性；实际上，股票树图与利率树图结合是二维树图结合法，必须全面考虑所有路径结合的可能性，避免丢失信息。

(4) 设计了含有利率上下限和双限期权的浮动利率债券，和一种股票收益关联浮动利率保险债券，并为它们定价。这些新型利率衍生品的提出丰富了国内利率衍生品品种，为国内金融市场品种创新作理论铺垫。

1.6 小 结

利率期限结构理论与模型的研究，有着精深的内涵和广阔的应用领域，对该领域的发展有基本的、系统的和准确的把握具有十分重要的理论与实践意义。该领域具有以下发展趋势：

第一，解决模型非线性问题。最初的传统模型中收益率或者对数债券价格是标的状态变量的线性函数。但是实证研究对线性模型提出了质疑，后来发展趋势表明双平方根模型和二次期限结构模型比线性模型能够更好的刻画利率及其波动率的动态过程，但是这种非线性具体形式如何、如何决定、非线性的特征是什么，都需要进一步研究。采用随机均值描述漂移项是解决非线性问题的一种发展方向。

第二，利率过程波动项的异方差问题。实证研究已经发现了利率水平效应和条件异方差效应的显著性，而且发现异方差性具有非对称特性，即当利率上涨或是下跌时，其后续向下调整与向上调整的力量与幅度未必是一样的。这种异方差还有什么特性、如何正确描述，都是后续研究的重点。

第三，跳跃扩散模型的研究。由于随机利率过程具有不连续样本轨迹，许多非系统原因来自罢工、法律纠纷、企业收购、政治以及战争等，普通的扩散过程不能真实描述利率过程。而比起常规事件来说，这些突发事件往往对利率的行为产生不可忽视的影响。加上一个可在极其短的时间间隔产生巨大变化的干扰项，更加真实的反映了随机利率行为。

第四，模型参数的选择与估计。随着计量技术的不断发展，利率模型估计与计量方法结合，引入了GARCH和EGARCH模型，模型参数的估计中应用了复杂的时间序列方法。半参数和非参数模型的提出和不断发展是对原有参数模型的一种挑战，到底模型参数如何估计、估计的方法如何、拟合的效果怎样都时刻受到实证研究的监督与验证。

第五，利率衍生品开发与定价的需求。随着金融市场发展国际化程度的提高，国内企业、银行等金融机构和非金融机构投资者越来越多地要求推出新型金融衍生品进行交易和规避金融风险。利率衍生品是全球交易量最大的金融衍生品，对已有利率衍生品引入国内的发行准备和新型利率衍生品进行设计开发并准确定价是活跃并发展金融市场的重要研究课题。

第2章

利率期限结构模型的建立

2.1 三个关键问题

无风险瞬时收益率曲线或者即期利率曲线在实证方面和理论方面都有很重要的意义。短期利率控制着无风险基金转移，是决定跨期消费和投资决策的重要经济变量。另外，短期利率影响着基础资产的期望收益，其中的超额收益部分是系统风险和相关风险溢价的函数。最后，短期利率成为固定收益证券及其衍生证券定价和对冲的直接输入变量。因此，不难理解，短期利率模型已成为近十年来热门研究领域，并且关于期限结构模型讨论的热点集中于三个方面，即非线性问题、异方差问题和跳跃问题。

2.1.1 非线性问题

已经有大量的关于利率期限结构研究的文献，但是对已经提出的模型仍然存在不能完全描述短期利率某些动态特征的争议。在最近的大多数文献当中，Chan、Karolyi、Longstaff 和 Sanders（1992，简称 CKLS）强调了单因子连续时间模型实证研究中的困难，具体的以 Vasicek（1977）和 CIR（1985）模型为例。这激起了大量的对短期利率的非参数模型研究，例如 Aït-Sahalia（1996）、Conley、Hansen、Luttmer 和 Scheinkman（1997，简称 CHLS）[72]，Jiang 和 Knight（1997）[73]，以及 Stanton（1997）。在这些研究当中，Aït-Sahalia（1996）考虑了几种 7 天欧洲美元利率模型，得出了拒绝已往模型漂移系数为线性形式的结论。他发现当利率位于均值附近，漂移速度趋近于零，即期利率行为类似随机游走；当利率远离均值时，表现出强烈的均值回复性。类似的结论也出现在 Jiang 和 Knight（1997）的加拿大利率样本数据研究报告和 CHLS 的美国联邦基金利率数据研究报告中。CHLS 得出结论，利率行为不但在漂移项中体现出了非线性的均值回复性，而且扩散项也表现出明显的波动率控制平稳性的特征。

在最近的研究中，Bandi（2002）[74]对带有线性漂移的常弹性方差模型提出异议，认为它们在带有鞅特性的短期利率实证研究中表现失败，一小部分位于样本边缘的数据能够驱使漂移项表现出非线性特征。Durham（2002）[75]和 Jones（2003）[76]同样得出结论，单因子模型的误设能够导致非线性漂移系数，他们认为有必要将漂移和扩散描述成更一般的形式，Jones（2003）提出一种随机漂移模型，Durham（2002）提出了一种广义扩散项表述，具体的可以表述为随机波动率。

为了更好描述利率行为，有大量关于多因素模型的研究文献[77-83]，例如 Andersen 和 Lund（1997）、Balduzzi、Das、Foresi 和 Sundaram（1996）、Jegadeesh 和 Penacchi（1996）、Longstaff 和 Schwartz（1992）。这些研究发现包含一些潜在的因素可以比 CKLS 模型更好地描述短期利率特征。

2.1.2 异方差问题

CKLS（1992）估计一系列单因素短期利率模型，这些连续时间模型表述为条件均值的均值回复性和条件方差依赖于利率的水平效应。水平效应在 CKLS（1992）中表现为利率波动率呈比例于短期利率的 γ 次幂。γ 不同对应的模型不同。与以往研究不同的是，CKLS（1992）估计了 γ 接近于 1.5，这个值与很多模型的假设不同，例如 CIR 模型中 γ 假设为 0.5。还有很多的实证研究描述短期利率波动率的异方差效应，用广义自回归条件异方差（GARCH）来描述利率变化的条件方差。同时包含水平效应和异方差效应的模型称为 Level-GARCH 模型，在许多文献中都有描述，例如 Longstaff 和 Schwartz（1992）、Brenner、Harjes 和 Kroner（1996）、Andersen 和 Lund（1997）、Koedjik、Nisssen、Schotman 和 Wolff（1997）、Bali（2000）以及 Zhou（2002）。同时包含了水平效应和异方差效应的 Level-GARCH 模型使得实证效果有很大提高。在 Schaefer 和 Schwartz（1984）[84]的两因素模型中，两因素分别是长期利率和长短期利率之差，并且长期利率方差带有水平效应，具体形式表现为利率的平方根。

2.1.3 跳跃问题

当使用金融变量为金融产品定价时，例如股价、汇率、利率，通常都假设它们服从连续时间普通扩散过程。尽管纯扩散过程在统计上有着良好的特性，并且计算程序简单，但越来越多的实证研究表明，纯扩散过程并不完全适合描述金融变量。例如 Ball 和 Torous（1985）[85]、Akgiray 和 Booth（1986）[86]、Lin 和 Yeh（1998）[87]、Jorion（1998）[88]的研究发现股价过程具有明显的跳跃特征存在。Akgiray 和 Booth（1988）、Tucker 和 Pond（1988）[89]、Park 等（1993）[90]研究了汇率市场，并得出结论，跳跃扩散过程更加适合于描述汇率过程，在定价和对冲金融衍生品时，跳跃扩散模型尤为重要，若忽视跳跃部分，将会引起金融产品的定价和对冲风险。

跳跃扩散过程对利率的描述更加重要。利率是一个重要的经济变量，在某种程度上来讲，控制利率是中央政府的一种货币政策。Hamilton（1988）调查研究美国利率，发现利率过程中有制度转换特征。Das（1994）发现利率的动态过程表现出连续行为和不连续的跳跃行为，并认为利率过程中的跳跃由几种市场现象引发，例如，联邦对货币市场的干涉，惊奇消息，外汇市场的冲击等等。

经典的利率期限结构模型，例如 Vasicek（1977）模型、CIR（1985）模型、Brennan 和 Schwartz（1978）模型，以及其他的扩展模型均假设状态变量（例如短期利率、长期利率、或其他）服从各种形式的扩散过程。他们的这种假设与实证研究发现存在不连续的跳跃特征不一致。Ahn 和 Thompson（1988）把 CIR 模型扩展为带有跳跃部分的平方根利率过程，通过利用线性化技术，得到贴现债券价格的闭式解。同样地，Baz 和 Das（1996）在 Vasicek 模型中加入跳跃部分扩展了纯扩散利率过程，并且同样使用线性化技术得到贴现债券的闭式解。

2.2 模型的建立

为了更加全面准确地描述利率行为的主要动态特征，本书将综合上述三个理论问题和实证研究方法循序渐进的建立合理的利率期限结构模型，该模型兼顾三个因素：利率水平、随机波动率和随机均值漂移因素，并且包含跳跃部分。一共讨论六个模型，它们分别是 CIR 模型、CKLS 模型、中心趋势模型（Central Tendency Model，简称 CT 模型）、随机波动率模型（Stochastic Volatility Model，简称 SV 模型）、随机波动率 - 随机均值模型（Stochastic

Volatility and Stochastic Mean Drift Model，简称 SV-SD 模型），以及带有跳跃的随机波动率随机均值模型（Stochastic Mean Drift-stochastic Volatility-Jump Interest Rate Term Structure，简称 SVJ-SD 模型）。模拟方法使用 Gallant 和 Tauchen（1996）[92-96]提出的有效矩（Efficient Method of Moment，EMM）估计方法，它是 Duffie 和 Singleton（1993）[91]提出的模拟矩（Simulated Method of Moments，SMM）方法的变形。有效矩方法通过合理选择矩条件，充分包含数据的关键统计特性，能够大大提高估计推断的有效性。

下面首先介绍 SVJ-SD 模型，其他五个模型都是 SVJ-SD 模型的特例。

2.2.1 SVJ-SD 模型

本书建立利率期限结构模型主要依据两个目的：一是尽量描述利率行为的直观特征。二是为了利率衍生品定价，保留模型的易处理性和直观的经济学解释。仿射模型是 Duffie 和 Kan（1996）提出的一类期限结构模型，这类模型容易求得为利率衍生品定价的偏微分方程解析形式，因此具有易处理性的优越性。但是仿射类模型的短期利率漂移项是线性形式，不能较好的解释理论研究中提出的非线性问题。本书兼顾两个目标使得模型在仿射与非仿射两种形式之间进行权衡。首先提出包括三因素的非仿射模型，然后通过加入假设条件，将其转化为易于计算的半仿射模型。非仿射 SVJ-SD 模型描述如下：

$$dr_t = k_1(u_t - \bar{k}\lambda r_{t-1}/k_1 - r_{t-1})dt + \sqrt{V_t}r_{t-1}^{\gamma}dW_{1,t} + (e^{J_t} - 1)r_t dQ_t, \gamma \geqslant 0 \tag{2-1}$$

$$d\ln V_t = k_2(a - \ln V_{t-1})dt + \eta_1 dW_{2,t} \tag{2-2}$$

$$du_t - k_3(\beta - u_{t-1})dt + \eta_2 dW_{3,t} \tag{2-3}$$

（2-1，2-2，2-3）中 W_i，$i=1$，2，3 表示布朗运动，相关系数$(dW_{1,t}, dW_{i,t}) = \rho_{1,i}, i=2,3$，$Q_t$ 表示泊松过程，用来描述跳跃项，它与 W_i，$i=1$，2，3 不相关，跳跃密度参数 λ，具有概率 $Prob(dQ_t=1)=\lambda dt$。当 $dQ_t=1$ 发生，短期利率产生跳跃，跳跃尺度为$(e^{J_t}-1)r_t$，其中 $J_t \sim N(\mu_J, \sigma_J)$，独立于跳跃过程 Q_t 与布朗运动 W_i，$i=1$，2，3。平均跳跃幅度及跳跃幅度的期望为：

$$\bar{k} = E(e^{J_t} - 1) = e^{(\mu_J + \sigma_J^2/2)} - 1 \tag{2-4}$$

模型（2-1）至（2-4）扩展了两因素 Fong 和 Vasicek（1991）模型，加

入跳跃项扩展成为跳跃扩散过程，并且包含了随机波动率和随机均值。随机均值用来解决理论上的非线性漂移问题，随机波动率用来解决利率行为异方差问题，跳跃项用来解决非对称信息影响问题。

考虑到后文实证估计以及为衍生品定价的可行性，有必要简化处理模型（2-1）-（2-4）成相应的半仿射形式：

$$dr_t = k_1(u_t - \mu_J \lambda r_{t-1}/k_1 - r_{t-1})dt + \sqrt{V_t} r_{t-1}^{\gamma} dW_{1,t} + J_t dQ_t, \gamma \geqslant 0 \quad (2-5)$$

$$dV_t = k_2(a - V_{t-1})dt + \eta_1 dW_{2,t} \quad (2-6)$$

$$du_t = k_3(\beta - u_{t-1})dt + \eta_2 dW_{3,t} \quad (2-7)$$

其中 W_{1-3} 和 Q_t 与模型（2-1）-（2-4）一样的解释，$J_t \sim N(\mu_J, \sigma_J)$。不同的是这里假设相关系数 $corr(dW_{1,t}, dW_{i,t}) = 0, i = 2,3$。这种遵照仿射形式而建立的模型，为债券期权等利率衍生品定价提供易解决的条件。

模型（2-5）—（2-7）包含了模型（2-1）—（2-4）的大部分特征。为了保持仿射结构，令参数 $\gamma = 0$，因此控制了水平效应。另外，模型（5）—（7）中，布朗冲击之间互不相关，跳跃幅度服从正态分布，这意味着短期利率容易出现负值。但是如果模型参数估计合理，对于大多数真实的状态变量值，利率出现负值的可能性很小，这也是继仿射模型为债券定价提供半解析式优点之外的另一优点。模型（2-1）—（2-4）能够描述更多令人满意的利率行为特征，但是在定价应用方面缺少可操作性。

2.2.2　CIR 模型与 CKLS 模型

以往很多经典的期限结构模型都是 SVJ-SD 模型的特例。例如，令波动率和均值为常数，$\sqrt{V_t} = \sigma$，$u_t = u$，不考虑跳跃，令 $\lambda = 0$，得到 Chan，Karolyi，Longstaff 和 Sanders（1992，简称 CKLS）单因素模型：

$$dr_t = k_1(u - r_{t-1})dt + \sigma r_{t-1}^{\gamma} dW_{1,t}, \gamma \geqslant 0 \quad (2-8)$$

模型中，短期利率 r_t 以速度 k_1 回复到均值水平 u。加入合理的参数限制，r_t^{γ} 项使得扩散系数避免了利率负值，引入了条件异方差，依赖于短期利率水平，即水平效应。如果提前设定 $\gamma = 0.5$ 得到 Cox，Ingersoll 和 Ross 于 1985 年提出的著名的 CIR 模型：

$$dr_t = k_1(u - r_{t-1})dt + \sigma \sqrt{r_{t-1}} dW_{1,t} \quad (2-9)$$

2.2.3 CT 模型

如果 CKLS 模型放松对 u 为常数的限制，加上公式（2-7），允许短期利率均值回复，漂移项成为时变均值。即短期利率 r_t 回复到均值水平 u_t，而 u_t 本身慢速回复到非条件均值 θ。得到中心趋势模型：

$$dr_t = k_1(u_t - r_{t-1})dt + \sigma r_{t-1}^{\gamma} dW_{1,t} \tag{2-10}$$

$$du_t = k_3(\beta - u_{t-1})dt + \eta_2 dW_{3,t} \tag{2-11}$$

研究中心趋势模型的一些代表作为 Jacobs 和 Jones（1986）[97]、Beaglehole 和 Tenney（1991）[98]、Balduzzi 等（1996）[99]、Jegadeesh 和 Penacchi（1996）[100]，以及 Jones（2003）。这种中心趋势模型类似于 Brennan 和 Schwartz（1979）模型，在 BS 模型中，第二因素是长期利率。时变均值的经济含义就是期望通货膨胀因子。

2.2.4 SV 模型

如果 CIR 模型放松对 $\sqrt{V_t} = \sigma$ 为常数的限制，加上公式（2-6），允许短期利率波动项随机变化，就得到随机波动率模型：

$$dr_t = k_1(u_t - r_{t-1})dt + \sqrt{V_t}dW_{1,t} \tag{2-12}$$

$$dV_t = k_2(a - V_{t-1})dt + \eta_1 dW_{2,t} \tag{2-13}$$

2.2.5 SVD 模型

从中心趋势模型和随机波动率模型很容易扩展到随机波动率-随机均值模型。如果 CIR 模型同时放松对 $\sqrt{V_t} = \sigma$，$u_t = u$ 为常数的限制，连同公式（2-6）、（2-7）一起称为随机波动率-随机均值模型。Andersen 和 Lund（1997）以及 Durham（2002）估计了这种模型。

$$dr_t = k_1(u_t - r_{t-1})dt + \sqrt{V_t}dW_{1,t} \tag{2-14}$$

$$dV_t = k_2(a - V_{t-1})dt + \eta_1 dW_{2,t} \tag{2-15}$$

$$du_t = k_3(\beta - u_{t-1})dt + \eta_2 dW_{3,t} \tag{2-16}$$

最后，将随机波动率-随机均值模型扩展加入跳跃项，得到形如（2-5）—

(2－7) 的仿射 SVJ-SD 模型。从经济学角度来看，非预期的信息带来不连续跳跃。例如，货币政策的转变带来利率跳跃。从统计角度来讲，加入跳跃有助于提高对短期利率分布的极端值特征描述。

到此，六个利率期限结构模型已经描述完毕，下面通过实证估计来比较这六个模型对真实利率行为特征的描述。

2.3 实证方法

2.3.1 实证方法的发展

连续时间扩散模型的估计面临较大的技术挑战，早期的方法是通过将连续模型离散化，以估计偏差最小为目标，这样的方法在 Lo (1988)[101] 中使用过。随着模型复杂化，转移密度缺少解析表达，使得传统估计技术难以实施。连续时间计量经济理论的最新发展激起了利率扩散模型估计研究的新高潮。这些最新的方法中包括 Jiang 和 Knight (1997)、Stanton (1997) 等文章中使用的非参数估计方法。非参数方法的一个优点在于它容易估计非线性模型，非参数估计方法的提出引起了关于利率模型漂移项和扩散项函数形式的激烈讨论。Stanton (1997) 发现均值回复程度只有在利率分布的尾部表现强烈。另外，还有学者持有异议，比如 Pritsker (1998)、Chapman 和 Pearson (2000) 认为由于非参数估计的小样本偏差影响，对这样的实证结论应该谨慎解释。一些最新进展扩展了用于估计连续时间模型的最大似然方法。Aït-Sahalia (1996a, b) 提出一种多变量扩散过程似然函数的扩展厄密序列解析式。这样的方法也用在了 Aït-Sahalia 和 Kimmel (2002) 为获得仿射模型的似然函数解析表达式的文章中。Schaumburg (2002)[102] 扩展了 Aït-Sahalia 和 Kimmel 的这种方法，将这种方法用于 Levy 过程作用下模型的最大似然函数。然而，潜在变量 (例如随机波动率) 的似然技术面对需要对不可观测变量进行积分的复杂问题。Bates (2003)[103] 提出了一种对潜在变量和过去的数据求联合特征函数的递归方法，他用这种方法估计连续时间跳跃扩散仿射模型。同时，也有一系列研究基于模拟的贝叶斯方法。Eraker（2001）[104]、Jones（2003）、Elerian、Chib 和 Shephard（2001）[105] 应用蒙特卡洛马尔科夫链估计连续模型。

已经有一些文章讨论利率扩散模型中加入跳跃的作用。Johannes (2004)[106] 用非参数方法估计了利率日数据的单因素跳跃扩散模型，认为跳跃能够解释利率波动中很重要的部分，提供了宏观经济信息进入利率期限结构模型的重要渠道。Das（2002）[107] 估计一个带有跳跃和 ARCH 条件异方差的模型，认为实证结果支持了加入跳跃项的必要性。

到期期限接近的零息债券收益率高度相关。Litterman 和 Scheinkman (1991) 认为美国财政利率变化特征主要由三个因素捕捉，分别是水平因素，斜度因素和曲度因素。这一发现引起了一大批期限结构简约式模型研究，债券收益率写成状态变量的仿射或者平方函数。还有一部分学者以矩方法估计含有潜在状态变量的结构式模型。Brandt 和 Chapman（2002）[108] 权衡了平稳性和有效性，提出模拟矩方法（SMM）。Dai 和 Singleton（2000）[109]、Ahn、Dittmar 和 Gallant（2002）[110]，以及 Brandt 和 Chapman（2002）使用有效矩（EMM）估计方法。Duffee 和 Stanton（2001）[111] 提出 EMM 的有限样本的估计缺陷。为了避免这个问题，Duffee（2002）[112] 和 Collin-Dufresne、Goldstein、Jones（2003）[113] 使用准最大似然法为辅助模型作前提估计。

2.3.2 最大似然法

对于一元线性模型：

$$y_i = \beta_0 + \beta_1 x_i + \mu_i, i = 1, 2, \cdots n \qquad (2-17)$$

$$E(\mu_i) = 0$$

$$Var(\mu_i) = \sigma_\mu^2$$

$$\mu_i \sim N(0, \sigma_\mu^2)$$

随机抽取 n 组样本观测值 y_i，x_i（$i=1, 2, \cdots, n$），假如模型的参数估计量已经求得，为$\hat{\beta}_0$，$\hat{\beta}_1$，那么 y_i 服从正态分布，$y_i \sim N(\beta_0 + \beta_1 x_i, \sigma_\mu^2)$。于是，有 y_i 的概率密度函数为：

$$P(Y_i) = \frac{1}{\sigma_\mu \sqrt{2\pi}} e^{-\frac{1}{2\sigma_\mu^2}(y_i - \beta_0 - \beta_1 x_i)^2}, i = 1, 2, \cdots, n \qquad (2-18)$$

因为 y_i 是相互独立的，所以 y 的所有样本观测值的联合概率，也即似然函数为：

$$L(\beta_0,\beta_1,\sigma_\mu^2) = P(y_1,y_2,\cdots,y_n) = \frac{1}{(2\pi)^{\frac{n}{2}}\sigma_\mu^n}e^{-\frac{1}{2\sigma_\mu^2}\sum(y_i-\beta_0-\beta_1x_i)^2} \quad (2-19)$$

将该似然函数极大化，即可求得模型参数的极大似然估计量。由于似然函数的极大化与似然函数的对数的极大化是等价的，所以取对数似然函数如下：

$$L^* = \ln(L) = -n\ln(\sqrt{2\pi}\sigma_\mu) - \frac{1}{2\sigma_\mu^2}\sum(y_i-\beta_0-\beta_1x_i)^2 \quad (2-20)$$

对 L^* 求极大值，等价于对 $\sum(y_i-\beta_0-\beta_1x_i)^2$ 求极小值。$\sum(y_i-\beta_0-\beta_1x_i)^2$ 取极小值的条件为：

$$\begin{cases}\dfrac{\partial}{\partial\beta_0}\sum(y_i-\beta_0-\beta_1x_i)^2 = 0\\[2ex] \dfrac{\partial}{\partial\beta_1}\sum(y_i-\beta_0-\beta_1x_i)^2 = 0\end{cases} \quad (2-21)$$

解得模型的参数估计量为：

$$\begin{cases}\hat{\beta}_0 = \dfrac{\sum x_i^2\sum y_i - \sum x_i\sum y_ix_i}{n\sum x_i^2 - (\sum x_i)^2}\\[2ex] \hat{\beta}_1 = \dfrac{n\sum y_ix_i - \sum y_i\sum x_i}{n\sum x_i^2 - (\sum x_i)^2}\end{cases} \quad (2-22)$$

可见，在满足一系列基本假设的情况下，模型结构参数的最大似然估计量与普通最小二乘估计量是相同的。随机误差项的方差的估计量是不同的，只需求解似然函数对方差一阶偏导数为零的条件，即可获得误差项估计量。

2.3.3　有效矩法

2.3.3.1　有效矩法的基本思想

虽然最大似然方法使用简单，但不能适合于下列两种情况：不易得到全部状态变量的似然函数，或者不能满足似然函数积分消除非观测变量的要求。虽然决定非观测变量的非线性动力系统的似然函数是不可行的，但模拟状态向量的发展十分可行，有效矩方法就依据于此。

EMM 方法由 Bansal 等（1995）[114]、Gallant 和 Tauchen（1996）提出，

它以 Duffie 和 Singleton（1993）模拟矩方法为基础进行扩展。主要思想是达到最大似然方法（ML）估计的有效性和兼具广义矩方法（GMM）的灵活性。ML 本身也可以解释成一种矩估计方法，它的刻度向量，即对数似然函数对参数向量的偏导数向量，提供了矩条件。第一阶段，EMM 使用近似于原模型的辅助模型进行 ML 过程。第二阶段，由 ML 估计计算所得的辅助模型得分向量为 SMM 过程提供了矩条件。

简单来讲，EMM 的步骤如下：用最大似然法把观测数据转化成能与真实数据发展历程相近的转移密度函数，这个转移密度就叫辅助模型。它的刻度，即对数似然函数对参数向量的偏导数向量，叫做 EMM 的刻度发生器。一个厄密序列表示可观测过程的转移密度，被看作这种关系下的常用一般辅助模型，一旦得到了刻度发生器，给定系统的参数环境，可以在系统的平稳密度下模拟出刻度期望值，计算卡方检验值，并用非线性优化法寻找使检验值最小的参数环境。

当似然函数不可得或者计算比较麻烦时使用 EMM 估计方法。典型应用于带有动态潜变量的模型，其中一部分状态变量可以观测，似然函数的计算需要对不可观测部分进行积分。积分的维度等于样本规模，这使得直接估计似然函数是不可行的。

EMM 法的具体步骤如下：

（1）把观测数据映射成辅助模型。选择适当的辅助模型（或者叫做刻度发生器），该模型的转移密度为 $f(y_t \mid Y_{t-1},\ \boldsymbol{\eta})$，参数向量为 $\boldsymbol{\eta}$，$Y_{t-1} = \{y_{t-1},\ \cdots,\ y_1\}$，辅助模型最好尽可能的与真实模型逼近，并能够应用最大似然方法对模型参数进行估计。辅助模型参数向量 $\boldsymbol{\eta}$ 的维度要大于等于原结构化模型参数向量 θ 的维度。用最大似然法估计辅助模型的参数向量 $\boldsymbol{\eta}$。最大似然参数估计量 $\hat{\boldsymbol{\eta}}_n$ 满足下列一阶条件：

$$\frac{1}{n}\sum_{t=1}^{n} s_f(Y_t,\hat{\boldsymbol{\eta}}_n) = 0 \qquad (2-23)$$

（2－23）中 $s_f(Y_t,\hat{\boldsymbol{\eta}}_n) = (\partial/\partial\boldsymbol{\eta}_n)\ln f(y_t \mid Y_{t-1},\ \hat{\boldsymbol{\eta}}_n)$，表示辅助模型的刻度函数，也叫做得分向量。

（2）协方差矩阵的计算。对样本辅助模型的刻度向量计算非对称协方差的一致性估计量。如果辅助模型足够近似原结构化模型，那么协方差矩阵可以这样计算：

$$\hat{V}_n = \frac{1}{n}\sum_{t=1}^{n} s_f(Y_t,\hat{\boldsymbol{\eta}}_n)s_f(Y_t,\hat{\boldsymbol{\eta}}_n)' \qquad (2-24)$$

（3）模拟矩估计。固定参数向量值 θ，和一个较大的时间刻度 T，从真实模型中产生出模拟序列 $\{\hat{y}_1(\theta),\hat{y}_2(\theta),\cdots,\hat{y}_T(\theta)\}$，求使得下列目标函数最小化的参数向量 $\hat{\theta}_n$，

$$\hat{\theta}_n = \underset{\theta}{\operatorname{argmin}} m_T(\theta,\hat{\eta}_n)'\hat{V}_n^{-1} m_T(\theta,\hat{\eta}_n) \tag{2-25}$$

（2-25）中，$m_T(\theta,\hat{\eta}_n) = \frac{1}{T}\sum_{s=1}^{T} s_f(\hat{Y}_s,\hat{\eta}_n)$ 是在固定辅助模型参数 $\hat{\eta}_n$ 条件下的样本矩条件，m_T 通过模拟序列 $\hat{y}_s(\theta)$ 依赖于参数向量 θ。

强大数定律确保了 $m_T(\theta,\hat{\eta}_n)$ 在 $T\to\infty$ 时，收敛于总体矩，

$$m_T(\theta,\hat{\eta}_n) = \int s_f(Y_s,\eta)\,dP(Y_s,\theta) \tag{2-26}$$

（2-26）式一般不容易解析计算，因为模型中含有潜在变量。

在非常合适的情况下，EMM 估计量一致性渐进于正态分布，更加准确的情况是，如果 θ_D 和 η_D 分别是原结构化参数和辅助模型的真实参数，那么

$$\sqrt{n}(\hat{\theta}_D-\theta_D)\xrightarrow{a.s.}N(0,[D'_\theta I^{-1}D_\theta]^{-1}) \tag{2-27}$$

（2-27）中 $D_\theta=(\partial/\partial\theta')m_{\mathrm{T}}(\theta_D,\eta_D)$，$\hat{\theta}_n$ 的非对称方差－协方差矩阵的一致性估计量由（2-28）式给出，

$$\frac{1}{n}\left[\frac{\partial m_T(\hat{\theta},\hat{\eta})'}{\partial\theta}\hat{V}_n^{-1}\frac{\partial m_T(\theta,\hat{\eta})}{\partial\theta}\right]^{-1} \tag{2-28}$$

这个特性可以用来对 EMM 估计量作统计检验。

把连续时间模型参数向量记为 ψ，令 $\{r_t(\psi),x_t(\psi)\}_{t=1}^{T(N)}$ 表示模型的模拟样本，其中 $x_t(\psi)=\{r_1(\psi),\cdots,r_{t-1}(\psi)\}$ 表示信息集，EMM 估计参数向量由下列目标函数取最小值的参数向量决定，

$$\hat{\psi}_N = \operatorname{argmin} m_{T(N)}(\psi,\hat{\xi})'W_N m_{T(N)}(\psi,\hat{\xi}) \tag{2-29}$$

（2-29）中 $m_{T(N)}$（ψ，$\hat{\xi}$）是刻度函数的期望，对辅助模型参数向量 $\hat{\xi}$ 用准最大似然蒙特卡洛积分法求得，

$$m_{T(N)}(\psi,\hat{\xi}) = \frac{1}{T(N)}\sum_{t=1}^{T(N)}\frac{\partial\ln f_K(r_t(\psi)\mid x_t(\psi);\hat{\xi})}{\partial\xi} \tag{2-30}$$

加权矩阵 W_N 是辅助刻度函数反渐进协方差矩阵的一致估计量。根据 Gallant 和 Tauchen（1996），由辅助刻度函数梯度的外积估计协方差矩阵，模拟短期利率序列 $\{r_t(\psi),x_t(\psi)\}_{t=1}^{T(N)}$。

2.3.3.2 SNP 辅助模型

EMM 的有限样本特性使得在选择矩条件时要非常留神。Gallant 和 Nychka（1987）[92] 提出 Semi-nonparametric（简称 SNP）密度辅助模型用于解决这个问题。Gallant 和 Long（1997）指出 SNP 密度的刻度函数渐进包含真实模型的刻度函数，随着 SNP 模型阶数的扩大，获得的数据统计特性描述越来越充分，那么 EMM 方法渐进有效。

选择 SNP 模型。Andersen、Chung 和 Sorensen（1999）[115] 认为 EMM 的有限样本特性在不区别对待矩条件选择时更加恶化。为了减少刻度向量过度拟合和随机样本变化的风险，使用高斯引导项来捕捉时间序列的条件均值和方差特征，用二次扩展厄密多项式拟合革新项过程的非正态时间序列特性，用 ARMA 过程描述短期利率条件均值的动态过程，用 ARCH 过程描述短期利率条件异方差特征。具体的选择 EGARCH 过程，这么选择不仅为了更好的拟合，而且在 Andersen 和 Lund（1997）中也证明了 EGARCH 刻度发生器与 GARCH 相比具有良好的动态稳定性。最后，在 EGARCH 条件方差项中加入利率水平效应 $r_t^{2\delta}$。最后这项扩展有助于描述连续时间利率模型的动态波动率效应和水平效应。总结以上特点，本书建立的 SNP 密度函数为：

$$f_K(r_t \mid x_t;\xi) = \frac{[P_K(z_t,x_t)]^2}{\int_R [P_K(z_t,x_t)]^2 \phi(u)\,du} \frac{\phi(z_t)}{r_{t-1}^{\delta}\sqrt{h_t}} \tag{2-31}$$

其中 $\phi(zt)$ 是标准正态密度，$x_t = \{r_1,\cdots,r_{t-1}\}$ 表示信息集，ξ 是 SNP 密度的参数向量，

$$z_t = \frac{r_t - \mu_t}{r_{t-1}^{\delta}\sqrt{h_t}}。$$

$$\mu_t = \phi_0 + \sum_{i=1}^{s} \phi_i r_{t-i} + \sum_{i=1}^{u} \zeta_i (r_{t-i} - \mu_{t-i})$$

$$h_t = \omega(1 - \sum_{i=1}^{p} \beta_i) + \sum_{i=1}^{p} \beta_i h_{t-i} + (1 + \alpha_1 L + \cdots + \alpha_q L^q) r_{t-1}^2$$

$$P_K(z,x) = \sum_{i=0}^{K_z} a_i(x) z^i = \sum_{i=0}^{K_z} (\sum_{|j|=0}^{K_x} a_{ij} x^j) z^i, a_{00} = 1 \tag{2-32}$$

（2－32）中 j 是多指标向量，$x^j \equiv (x_1^{j_1},\cdots x_M^{j_M})$，并且 $|j| \equiv \sum_{m=1}^{M} j_m$，用最大似然法估计辅助模型参数向量。

2.4 模型估计

为得到拟合模型的样本数据，首先要估计初始利率期限结构，即已知初始无风险短期利率样本，可以通过两种方法达到这个条件。一是用静态曲线拟合方法，例如多项式样条，B-spline 样条法等拟合初始期限结构。二是用动态曲线拟合方法，即直接用一只贴现债券的利率数据代替无风险短期利率作为样本，经过拟合估计动态利率期限结构模型参数，并预测。

2.4.1 静态曲线拟合方法

虽然理论上由跳跃扩散过程描述期限结构模型得以很快发展，但相关的实证工作还相当有限。利率期限结构模型对债券定价和各式利率期权定价都很重要。为了得到解析表达或者数值方法来为利率期权定价，必须已知决定利率动态随机过程中的参数，因此，利率期权定价模型中参数估计是一个非常关键的步骤。

这里对跳跃扩散模型进行静态拟合，Baz 和 Das（1996）已经推导出贴现债券价格的闭式近似解。这种模型包含了跳跃风险，要比纯扩散过程描述信息更加完整。对跳跃扩散利率期限结构进行参数估计，并完成对中国国债市场利率的实证研究。在实证研究中用两阶段法，首先要得到中国国债市场的初始利率期限结构（即零息债券收益率曲线），然而，期限结构并非直接观测可得，因为中国国债（简称 CGB）不是零息债券。这些附息债券价格，隐含着息票效应，不能提供一个良好的期限结构替代。附息债券是一系列到期日等于付息日的零息债券的组合，可以使用曲线拟合技术来拟合 CGB 的利率期限结构，例如 Shea（1984）提出的 B 样条近似法，B 样条法在 Steeley（1991）、Lin 和 Paxson（1993）文献中都有应用。使用 2004 年 9 月到 2005 年 3 月的 25 种上证交易所公开交易的国债价格的周数据来拟合零息债券期限结构，作为第二阶段对跳跃扩散模型进行参数估计的输入。这种两阶段法，能够使得对动态利率期限结构模型的研究更加灵活。第一阶段是纯粹的统计，目的是准确拟合利率期限结构模型，把得到的利率期限结构模型作为外生输入估计利率期限结构模型的参数。二阶段法的缺陷在于难以获得估计误差。实证结果表明，跳跃扩散模型参数在统计上都是显著的，拟合效果较好。

2.4.1.1 带有跳跃的利率期限结构模型

利率期限结构模型中比较经典的 Vasicek（1997）模型中，瞬时短期利率服从扩散过程，即

$$dr(t)=\alpha(\beta-r(t))dt+\sigma dW(t) \tag{2-33}$$

其中 α 是均值回复系数，β 是短期利率的长期均值，t 表示时间，σ 是瞬时波动率，$dW(t)$ 是标准的维纳过程增量。短期利率的均值、方差为：

$$E(r_t)=e^{-\alpha t}r_0+\beta(1-e^{-\alpha t}),$$

$$Var(r_t)=\frac{\sigma^2}{2\alpha}(1-e^{-2\alpha t}) \tag{2-34}$$

在 t 时刻，到期日为 T 的零息债券价格 $P(r,t,\tau)$ 定义为短期利率 r 和到期时间 $\tau=T-t$ 的函数，即

$$P(r,t,\tau)=\exp(-A(\tau)r(t)+B(\tau)) \tag{2-35}$$

其中

$$A(\tau)=\frac{1-e^{-\alpha\tau}}{\alpha}$$

$$B(\tau)=\left(\beta-\frac{\xi\sigma}{\alpha}-\frac{\sigma^2}{2\alpha^2}\right)(A(\tau)-\tau)-\frac{\sigma^2A^2(\tau)}{4\alpha^3} \tag{2-36}$$

ξ 是利率风险的市场价格，假设为常数。为了加入不连续的跳跃部分，Baz 和 Das（1996）中定义短期利率为：

$$dr(t)=\alpha(\beta-r(t))+\sigma dW(t)+JdN(t) \tag{2-37}$$

其中参数描述与 Vasicek 模型中一样，$N(t)$ 表示密度为 λ 的泊松过程。$[t,\ t+dt]$ 期间发生一次跳跃的概率为 λdt，如果 $[t,\ t+dt]$ 内有一次跳跃发生，$dN(t)=1$，否则用 $dN(t)=0$ 来表示该期间内没有跳跃发生。J 表示跳跃尺度，服从正态分布 $N(\theta,\ \delta^2)$，另外，假设 $dW(t)$ 与 $dN(t)$ 相互独立，即扩散部分与跳跃部分相互独立。在公式（2-35）的过程描述下，Lin 和 Yeh（1998）得出 $r(t)$ 为：

$$r_t = e^{-\alpha t}\left(r_0 + \int_0 e^{\alpha u}\alpha\beta du + \int_0 e^{\alpha u}\sigma dW(u) + \sum_{j=1}^{N(t)} e^{\alpha T_j}J_j\right) \quad (2-38)$$

其中 T_j 是 [0, T] 期间第 j 次跳跃发生的时点，$0<T_1<T_2<\cdots<T_{N(t)}<T$，$N(t)$表示 [0, T] 期间发生的跳跃次数。r_t 的概率密度为：

$$f(r_t) = \sum_{n=0}^{\infty}\left[\frac{e^{-\lambda t}(\lambda t)^n}{n!}\right]\int_0\int_0\cdots\int_0 \omega(r_t;M,S)\,\frac{1}{t^n}d\tau_1 d\tau_2\cdots d\tau_n \quad (2-39)$$

其中 $\omega(r_t;M,S)$表示正态分布概率密度函数，均值为 M，标准差为 S，随机变量 r_t 的条件均值和方差表示为：

$$E(r_t) = e^{-\alpha t}r_0 + \left(\beta + \frac{\lambda\theta}{\alpha}\right)(1-e^{-\alpha t})$$

$$Var(r_t) = \frac{\sigma^2 + \lambda(\theta^2+\delta^2)}{2\alpha}(1-e^{-2\alpha t}) \quad (2-40)$$

假设利率风险的市场价格为常数 ξ，在公式（2-35）描述的跳跃扩散过程中，Baz 和 Das（1996）使用线性化技术，把到期日为 T，在 t 时刻的零息债券价格 P（r, t, τ）近似描述为短期利率 r_t 和到期时间为 $\tau=T-t$ 的函数：

$$P(r,t,\tau) = \exp[-A(\tau)r(t) + B(\tau)] \quad (2-41)$$

其中

$$A(\tau) = \frac{1-e^{-\alpha\tau}}{\alpha} \quad (2-42)$$

$$B(\tau) = \frac{-Ee^{-2\alpha\tau}}{4\alpha^3} + \frac{(\alpha D+E)e^{-\alpha\tau}}{\alpha^3} + \frac{(2\alpha D+E)\tau}{2\alpha^3} - C$$

$$C = \frac{D}{\alpha^2} + \frac{3E}{4\alpha^3},\ D = \xi\sigma - \alpha\beta - \theta\lambda,\ E = \sigma^2 + (\delta^2+\theta^2)\lambda$$

为了确保债券到期价格趋于面值，有条件 $2\alpha D+E<0$ 成立。变换公式（10）得到短期利率 r 与贴现债券指数价格是线性关系，即

$$r_t = \frac{-\ln P(r,t,\tau) + B(\tau)}{A(\tau)} \quad (2-43)$$

到期期限为 $\tau=T-t$ 的零息债券到期收益率为：

$$R(r,t,\tau) = -\frac{\ln P}{\tau} = \frac{A(\tau)r(\tau) - B(\tau)}{\tau} \quad (2-44)$$

因此，整个利率期限结构得以定义。

该模型是单因素利率期限结构模型，缺点在于所有债券收益完全相关，不足以描述利率期限结构的特征和形状的变化，短期利率容易出现负值。然

而，该模型至少能够包含跳跃风险，与纯扩散 Vasicek 模型相比更加完整。

假设有 $T+1$ 个状态变量的观测值，$r(0), r(1), \cdots, r(T)$，由于模型（2－1）与（2－5）具有马尔科夫性，样本观测的对数似然函数为：

$$\log L(r;\Theta) \equiv \log L(r_1, r_2, \cdots, r_T;\Theta) = \sum_{t=1}^{T} \log f[r(i) \mid (i-1)] \tag{2-45}$$

其中，跳跃扩散模型参数集合 $\Theta = (\alpha, \beta, \sigma, \theta, \delta, \lambda)$。

模型中的状态变量是瞬时短期利率，不可观测变量。为了估计利率变化过程的模型参数使用最大似然法，可以转为考虑一个可观测变量为贴现债券价格的似然函数作为不可观测状态变量的函数。根据公式（2－39），贴现债券的对数价格是状态变量的线性函数，使用变量转化技术可以得到联合密度函数和贴现债券价格样本观测量的对数似然函数。

2.4.1.2　数据描述与期限结构拟合

在实证研究中，选择中国国债上海证券交易所国债交易中的 25 支国债，样本时间从 2004 年 9 月 17 日—2005 年 4 月 15 日共 30 周，使用周数据收盘价，选取每支债券周三数据，如果数据缺失，选择周四或者周二数据。截至 2005 年 4 月，上证交易所公开交易国债现货共 32 支，选择样本时，只考虑了附息债券，未选择纯贴现债券，另外考虑到发行时间问题，未选择刚刚发行的债券。样本期间内陆续发行的两支债券也未列入样本之内。因此，一共挑选 25 支国债现货作为样本债券。

参数估计的标准是使样本债券的定价误差最小，若给每个债券赋予相等的权重，在实际中是有问题的。对债券来讲，其价格的波动主要受利率变动影响，而在利率变动同样大小的条件下，其价格同时受其久期和凸度影响。显然，债券样本中长期品种的价格波动性应大于短期品种，而由此带来的问题是：长期债券的定价误差往往大于短期债券，这就是在进行收益率曲线拟合时无法避免的样本异方差特征。为解决此问题，在拟合收益率曲线时，在目标函数中加入久期权重，选用 B 样条函数拟合贴现函数。Shea（1984）成功地提出用 B 样条函数近似贴现函数。Steeley（1991）使用 B 样条函数估计英国金边债券期限结构，拟合效果很好，能够得到平滑的、可靠性高的即期或远期利率曲线。具体的期限结构结果如图 2－1 贴现因子曲线和图 2－2

即期利率曲线。

在估计跳跃扩散模型第二阶段，选择四种年限的即期利率，这些数据由上面的拟合得到，一共 100 个观测值，用于参数估计的这些即期利率描述统计列于表 2-1。表 2-2 列出了对跳跃扩散期限结构的非线性完全信息最大似然参数估计，结果都非常显著。α 估计表示短期利率的平均回复速度是 0.498 949 年，Bing-Huei Lin（2001）对台湾国债市场的回复速度估计为 1.461 9 年，两者明显不同，说明大陆国债市场比台湾国债市场的利率回复速度快。β 表示短期利率的长期平均，估计结果为 7.961%，基本符合实际情况。σ 表示短期利率随机过程扩散项中的波动率，估计值为 0.020 663，大于 Bing-Huei Lin（2001）中台湾国债市场波动率的估计值 0.005 3，这一点由贴现因子和即期利率曲线比较强烈的波动来解释。平均跳跃尺度 θ 值比较小，这是因为本书考察的样本时间间隔非常小，小小的时间间隔之内，短期利率即使发生跳跃，跳跃的幅度也不应该很大，因此这个结果也是合理的。δ 表示跳跃尺度的标准差，估计值为 0.027 431。以上结果说明带有跳跃特征的利率期限结构模型比较接近中国国债市场的实际情况。

2.4.1.3　结论

随着金融市场的国际化和规范化发展，中国债券市场已经逐渐成为亚太地区比较重要的市场之一。虽然中国国债市场与其他发达国家债券市场相比较小，而且流动性不足，但体现出日渐重要性，很有研究必要。另外，假设利率行为服从合理的随机过程，并估计参数，对利率衍生品定价与对冲风险相当重要。在参数估计中使用的方法和得出的结论对金融工程领域有着重要的意义。

本书对 Vasicek（1977）的扩散模型进行了扩展，在描述利率行为的随机过程中加入了由泊松分布描述的跳跃部分，用两阶段实证方法对中国国债市场的利率期限结构进行了估计。在第一阶段用 B 样条拟合方法对面板样本数据估计初始静态期限结构，抽取时间序列初始期限结构作为第二阶段进行跳跃扩散模型参数估计的输入。参数估计结果说明带有跳跃特征的利率期限结构模型比较接近中国国债市场的实际情况。本书的实证模型属于单因素利率期限结构模型，对描述利率随机行为仍然存在缺陷和不足，在后续研究中可以扩展到多因素和带有随机波动率特征的模型。

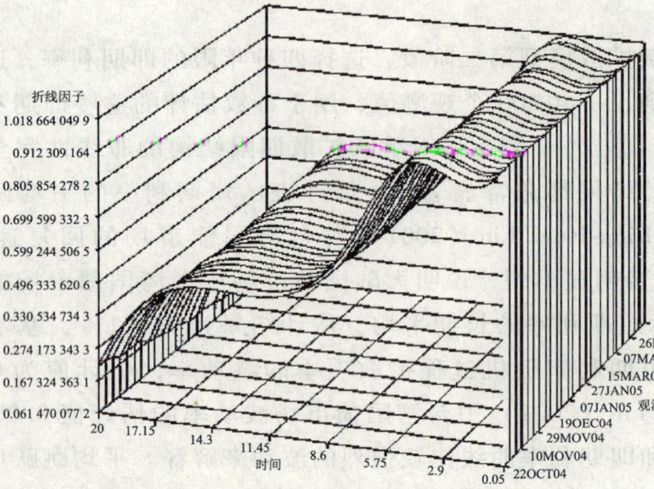

图 2-1　样本数据估计所得贴现因子曲线

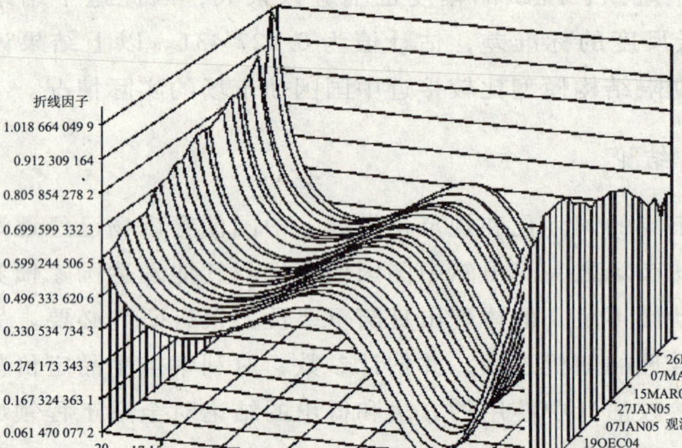

图 2-2　样本数据估计所得即期利率曲线

表 2-1　　用于跳跃扩散模型参数估计的即期利率数据描述统计

年限	观测个数	均值	标准差	最小值	最大值
5	25	0.044 173 3	0.002 754 5	0.037 560 4	0.047 454 6
10	25	0.064 866 1	0.002 292 9	0.060 107 6	0.068 273 6
19.5	25	0.075 247 1	0.014 266 1	0.045 290 8	0.091 887 3
19.9	25	0.090 487 0	0.015 703 5	0.057 815 8	0.108 805 6

表 2－2　　对跳跃扩散模型的非线性完全信息最大似然参数估计

参数	估计值	近似标准差	t 值	近似 Pr > |t|
α	0. 498 949	0. 012 7	39. 32	<. 000 1
β	0. 079 61	0. 035 3	4. 27	<. 000 1
σ	0. 020 663	5. 67E－21	3. 64E18	<. 000 1
δ	0. 027 431	1. 02E－15	2. 69E13	<. 000 1
θ	0. 000 1	4. 86E－20	2. 06E15	<. 000 1
λ	－3. 184 76	2. 73	－11. 67	<. 000 1
ξ	0. 000 1	2. 74E－13	3. 65E8	<. 000 1

2. 4. 2　动态曲线拟合方法

中国货币市场包括银行间拆借市场、银行间债券市场、商业票据市场等子市场。全国银行间拆借市场于 1996 年 1 月 3 日开始运行，同业拆借市场亦称“同业拆放市场”，是金融机构之间以货币信贷方式进行短期、临时性头寸调剂的市场。全国银行间债券市场于 1997 年 6 月 16 日开始运行，债券分为现券交易与回购交易部分，债券品种包括国债、政策性金融债等。这两个市场实行自主报价、格式化询价、确认成交的交易方式。债券回购交易，是指资金需求方以所持有的债券现券作为抵押，通过证券交易所向资金供应方借入资金并按期还本付息的融资方式。截至 2005 年 11 月 1 日，债券回购有 R003、R007、R014、R028、R091、R182、R001、R002、R004、RC001、RC003 和 RC007 十二个品种，R 表示国债回购品种，RC 表示企业债券回购品种，R001 表示回购期为 1 天，R007 表示回购期为 7 天，以此类推。同业拆借有 IBO001、IBO007、IBO014、IBO020、IBO030、IBO060、IBO090 和 IBO120 八个品种，IBO 表示拆借品种，IBO001 表示拆借期为 1 天内，IBO007 表示拆借期为 1 到 7 天内，以此类推。在国际货币市场上，比较典型的，有代表性的同业拆借利率有三种，即伦敦银行同业拆借利率（LIBOR），新加坡银行同业拆借利率和香港银行同业拆借利率。伦敦银行同业拆借利率，是伦敦金融市场上银行之间相互拆借英镑、欧洲美元及其他欧洲货币时的利率，已经成为国际金融市场借贷活动中计算借贷利率的基本依据。

在潘冠中（2004）[116]文章中，详细讨论了两个原则下，国内瞬时利率的最佳替代。第一原则：瞬时利率的最佳近似替代应该选择其短期变化与其他利率的短期变化相关性最高的利率，称之为相关性原则。第二原则：选择交易最频繁，成交量最大的利率品种。建立利率模型主要为利率风险管理和利率衍生品定价服务。利率风险对冲需要买入或卖出其他利率产品，并且根据市场的变化不断地调整风险投资组合头寸。若是用于利率模型参数估计的利率品种在金融市场上交易不多，会引起构造风险资产组合的困难，并且交易费用往往也很高，利率衍生品定价的基石是构造无风险的资产组合。根据以上同样的理由，交易最频繁，成交量最大的利率品种才能最好地满足这一要求。这两个原则理论上可能存在冲突，即交易最频繁、成交量最大的利率品种也许其短期变化和其他利率的短期变化相关性并不是最高的。不过，可以在两原则不存在实质性冲突的情况下找到所需利率。得到结论为：在中国货币市场利率中，R007是瞬时利率的最佳近似替代。因此，在使用中国货币市场利率估计利率模型的参数时，本书选取上证交易所7天国债回购利率为研究样本，作为无风险短期利率的替代，不会引起很大误差。这与以往很多对中国货币市场进行实证分析的文献中使用的数据不相同，谢赤和吴雄伟（2002）[117]使用中国货币市场30天的银行同业拆借利率作为瞬时利率的近似替代估计了Vasicek模型和CIR模型的参数。可是IBO030很多周没有交易，并且其成交量占整个拆借市场的比例很小，更不用说整个银行间市场。

2.4.2.1 样本数据的简单统计描述

选择样本数据从1997年6月16日到2005年6月1日的每周三交易收盘价①，法定假日不算，若有周三缺失数据，用周二或者周四数据代替，共394个观测值。在利率模型中，各种不同期限的利率以连续复利形式表示，将数据进行转换，转换公式如下：

$$r = \ln\left(1 + \frac{y}{52}\right) * 52 \tag{2-46}$$

（2-46）中 r 表示连续复利形式的利率。

① 数据来源于分析家软件国债回购利率R007下载

1997 年上海债券交易所开设国债回购交易以来，国债回购利率为 10%左右，到 2005 年时国债回购利率回落到 1.5% 左右，下跌 85%。1996 年至 2002 年七年间，国家连续八次降息，且交易所国债回购市场 1996 年才刚刚起步，规模逐步扩大，导致国债回购利率变动很大。从图 2－3 可以看出利率数据基本围绕均值上下波动，并且表现出明显的跳跃特征。

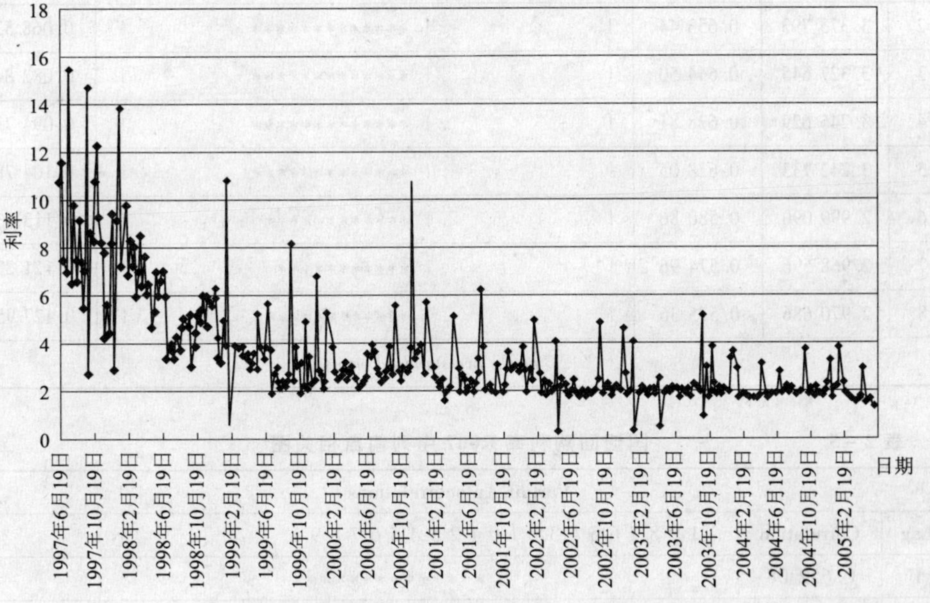

图 2－3　国债回购利率 R007 样本数据描述

表 2－3　　国债回购利率 R007 样本数据简单统计描述

The MEANS Procedure Analysis Variable : r			
Mean	Std Dev	N	Minimum
3.454 558 6	2.275 145 1	394	0.383 581 7
Maximum	Median	Skewness	Kurtosis
15.457 079 2	2.537 088 4	2.163 763 3	5.541 960 2

对国债回购 R007 确认序列相关性，用 SAS/ETS[118] 的 ARIMA 过程来估计数据的自回归和移动平均阶数，以确认辅助模型描述数据的 ARMA 过程阶数。

表 2－4　　国债回购利率 R007 序列自相关图

The ARIMA Procedure Autocorrelations

Lag	Covariance	Correlation	-1 9 8 7 6 5 4 3 2 1 0 1 2 3 4 5 6 7 8 9 1	Std Error
0	5.163 147	1.000 00	| . | ******************** |	0
1	3.366 779	0.652 08	| . | ************* |	0.050 379
2	3.373 793	0.653 44	| . | ************* |	0.068 531
3	3.327 645	0.644 50	| . | ************* |	0.082 849
4	3.246 629	0.628 81	| . | ************* |	0.094 723
5	3.242 733	0.628 05	| . | ************* |	0.104 783
6	2.999 090	0.580 86	| . | ************ |	0.113 938
7	2.968 596	0.574 96	| . | *********** |	0.121 221
8	2.970 686	0.575 36	| . | ************ |	0.127 955

" . " marks two standard errors

表 2－5　　国债回购利率 R007 序列偏自相关图

Partial Autocorrelations

Lag	Correlation	-1 9 8 7 6 5 4 3 2 1 0 1 2 3 4 5 6 7 8 9 1
1	0.652 08	| . | ************* |
2	0.397 07	| | ******** |
3	0.265 76	| . | ***** |
4	0.175 45	| . | **** |
5	0.151 18	| . | *** |
6	0.024 07	| . | . |
7	0.038 29	| . | * |
8	0.065 21	| . | * |

从样本序列自相关图来看，R007 回购利率与自身一阶滞后序列相关系数为 0.652，而且相关系数递减速度缓慢，表明 R007 样本数据本身并不是平稳序列。对残差序列做白噪声检验，检验原假设不存在显著不为零的自相关系数，在表 2－6 中对 R007 样本残差序列的白噪声检验中，每 6 项滞后自相关系数为一组进行检验，原假设残差序列为白噪声被拒绝，P 值大于临界

值的概率小于 0.000 1，说明原序列是非平稳序列。

表 2－6　　国债回购利率 **R007** 残差序列白噪声检验

Autocorrelation Check for White Noise									
To Lag	Chi-Square	DF	Pr > ChiSq	Autocorrelations					
6	956.58	6	<.000 1	0.652	0.653	0.644	0.629	0.628	0.581

当原序列非平稳时，对它进行一阶差分变换，进一步考察一阶差分序列的平稳性。表 2－7 是 R007 一阶差分后序列的统计描述，均值为 －0.023 79，标准差为 1.858 466。进行一次差分处理，观测值个数减 1，变成 393。

表 2－7　　国债回购利率 **R007** 一阶差分序列简单统计描述

Name of Variable = r	
Period (s) of Differencing	1
Mean of Working Series	－0.023 79
Standard Deviation	1.858 466
Number of Observations	393
Observation (s) eliminated by differencing	1

表 2－8　　国债回购利率 **R007** 一阶差分序列自相关图

Autocorrelations				
Lag	Covariance	Correlation	-1 9 8 7 6 5 4 3 2 1 0 1 2 3 4 5 6 7 8 9 1	Std Error
0	3.453 895	1.000 00	| |******************** |	0
1	－1.822 598	－.527 69	| ***********| . |	0.050 443
2	0.130 159	0.037 68	| . | *. |	0.062 941
3	0.034 745	0.010 06	| . | . |	0.062 999
4	－0.061 831	－.017 90	| . | . |	0.063 003
5	0.075 013	0.021 72	| . | . |	0.063 016
6	－0.048 545	－.014 06	| . | . |	0.063 035
7	－0.093 754	－.027 14	| . *| . |	0.063 043
8	－0.040 688	－.011 78	| . | . |	0.063 073

" . " marks two standard errors

表 2－9　　国债回购利率 R007 一阶差分序列偏自相关图

<table>
<tr><th colspan="3">Partial Autocorrelations</th></tr>
<tr><th>Lag</th><th>Correlation</th><th>－1 9 8 7 6 5 4 3 2 1 0 1 2 3 4 5 6 7 8 9 1</th></tr>
<tr><td>1</td><td>－0.527 69</td><td>| ***********| . |</td></tr>
<tr><td>2</td><td>－0.333 70</td><td>| *******| . |</td></tr>
<tr><td>3</td><td>－0.217 58</td><td>| ****| . |</td></tr>
<tr><td>4</td><td>－0.174 45</td><td>| ***| . |</td></tr>
<tr><td>5</td><td>－0.111 20</td><td>| **| . |</td></tr>
<tr><td>6</td><td>－0.087 86</td><td>| **| . |</td></tr>
<tr><td>7</td><td>－0.119 81</td><td>| **| . |</td></tr>
<tr><td>8</td><td>－0.163 75</td><td>| ***| . |</td></tr>
</table>

从样本一阶差分序列自相关图 2－8、2－9 来看，R007 回购利率一阶差分与自身一阶滞后序列相关系数为－0.527 69，而且相关系数快速递减为零，表明 R007 样本数据一阶差分后成为平稳序列。对残差序列做白噪声检验，仍然拒绝残差白噪声假设，因此有必要对一阶差分序列建模，研究其是否存在移动平均和自回归特征，以及确定模型中移动平均和自回归的阶数。

表 2－10　　国债回购利率 R007 一阶差分残差序列白噪声检验

Autocorrelation Check for White Noise									
To Lag	Chi-Square	DF	Pr > ChiSq	Autocorrelations					
6	111.27	6	<.000 1	－0.528	0.038	0.010	－0.018	0.022	－0.014

首先，从最简单开始考虑，用一阶移动平均和一阶自回归考察 R007 一阶差分数据，得到如下参数估计结果。从表 2－11 可见，均值项系数 MU 为－0.020 98，基本接近一阶差分后序列均值－0.023 79，一阶移动平均系数 MA（1，1）为 0.857 64，一阶自回归系数 AR（1，1）为－0.043 48，这三个系数均显著。

表 2-11　　国债回购利率 R007 一阶差分 ARMA（1，1）估计

Conditional Least Squares Estimation					
Parameter	Estimate	Standard Error	t Value	Approx Pr > |t|	Lag
MU	-0.020 98	0.009 651 2	-2.17	0.030 3	0
MA1，1	0.857 64	0.029 86	28.73	<.000 1	1
AR1，1	-0.043 48	0.058 18	-0.75	<.000 1	1
Constant Estimate	-0.021 9				
Variance Estimate	1.919 231				
Std Error Estimate	1.385 363				
AIC	1 374.481				
SBC	1 386.402				
Number of Residuals	393				

表 2-12　　国债回购利率 R007 一阶差分序列残差白噪声检验

Autocorrelation Check of Residuals									
To Lag	Chi-Square	DF	Pr > ChiSq	Autocorrelations					
6	1.44	4	0.838 0	0.001	0.025	0.017	-0.014	-0.010	-0.049
12	12.13	10	0.276 7	-0.059	-0.011	0.054	-0.096	0.034	0.097
18	27.24	16	0.038 9	0.155	-0.025	-0.063	0.025	-0.047	-0.074
24	38.14	22	0.017 7	0.072	0.049	0.004	0.043	-0.110	-0.068
30	46.71	28	0.014 7	0.109	-0.044	-0.047	-0.061	0.017	0.015
36	58.63	34	0.005 4	0.128	0.032	0.082	0.006	-0.048	-0.035
42	63.81	40	0.009 7	-0.022	0.069	0.007	0.071	0.029	0.023
48	71.92	46	0.008 6	0.003	0.106	0.054	0.000	0.025	-0.058

从 R007 一阶差分序列残差白噪声检验来看，χ^2 检验的 P 值为 0.838 0，前 6 组滞后残差序列检验结果不能拒绝白噪声假设。因此接受残差序列为白噪声的假设，认为 ARIMA（1，1，1）模型基本能够描述国债回购利率 R007 的行为特征。

表 2-13　　国债回购利率 R007 序列 ARIMA（1，1，1）估计结果

Model for variable r	
Estimated Mean	-0.020 98
Period (s) of Differencing	1
Autoregressive Factors	
Factor 1:	1+ 0.043 48 B * * (1)
Moving Average Factors	
Factor 1:	1-0.857 64 B * * (1)

表 2-13 总结了对 R007 进行 ARIMA（1，1，1）估计的结果，在进行一阶差分的基础上，国债回购利率 R007 具有一阶移动平均和一阶自回归特征。可以表示为下面的模型：

$$(1-B)*r=-0.020\ 98+\frac{(1-0.857\ 64B)}{(1+0.043\ 48B)}a_t \qquad (2-47)$$

（2-47）中 B 表示滞后乘子，a_t 表示随机误差项。

在简单描述性统计部分做序列自回归分析，是为了下一步估计作铺垫，因为对 SVJ-SD 模型进行有效矩估计时，首先选择合适的辅助模型近似原始结构化模型，所选辅助模型，要尽可能描述真实利率行为特征，这样才能更加接近原始模型。对随机利率本身及其随机漂移项进行辅助建模时，可以根据上述自回归分析，进行一阶自回归一阶移动平均建模。一方面简化了逐步摸寻模型形式的过程，另一方面比较真实的反映了利率数据的行为特征。

2.4.2.2　CIR 模型的估计

首先对简单的单因素 CIR 模型进行估计，因为该模型很容易得到似然函数，因此用最大似然方法就可以很有效地估计模型参数，而无须使用有效矩方法。

CIR 模型的欧拉离散形式为：

$$r_t-r_{t-1}=k_1(\mu_0-r_{t-1})+\sigma\sqrt{r_{t-1}}\varepsilon_t \qquad (2-48)$$

参数向量 $\Theta=\{k_1,\mu_0,\sigma\}$。估计结果如下，模型总平方和误差达到 1 115.2，误差的均方根为 1.691，模型拟和 R^2 达到 43.68%，见表 2-14。

参数 k_1 是模型均值回复系数，表示回复速度。均值项 μ_0 为 3.385，与

简单统计描述中利率均值 3.454 558 6 接近。常数波动率 σ 估计结果为 0.79。最大似然方法对 CIR 模型估计很有效，各参数估计结果显著，见表 2-15。

表 2-14　　CIR 模型最大似然参数估计结果——模型描述

The MODEL Procedure

Nonlinear FIML Summary of Residual Errors

Equation	DF Model	DF Error	SSE	MSE	Root MSE	R-Square	Adj R-Sq
r	3	390	1 115.2	2.859 5	1.691 0	0.436 8	0.434 0
RESID. r		390	392.6	1.006 7	1.003 4		

表 2-15　　CIR 模型最大似然参数估计结果——参数结果

Nonlinear FIML Parameter Estimates

Parameter	Estimate	Approx Std Err	t Value	Approx Pr > |t|
k1	0.317 529	0.042 6	7.46	<.000 1
u0	3.385 324	0.228 7	14.81	<.000 1
sigma	0.790 164	0.028 2	28.02	<.000 1

2.4.2.3　CKLS 模型的估计

CKLS 模型的离散形式为：

$$r_t - r_{t-1} = k_1(\mu_0 - r_{t-1}) + \sigma r_{t-1}^{\gamma}\varepsilon_t \qquad (2-49)$$

参数向量 $\Theta = \{k_1, \mu_0, \gamma, \sigma\}$。在 CIR 模型基础上加入了利率水平因素项 r_{t-1}^{γ}，同样用最大似然方法足以估计 CKLS 模型，结果如下表：

表 2-16　　CKLS 模型最大似然估计——模型描述

The MODEL Procedure

Nonlinear FIML Summary of Residual Errors

Equation	DF Model	DF Error	SSE	MSE	Root MSE	R-Square	Adj R-Sq
r	4	389	1 115.7	2.868 2	1.693 6	0.436 6	0.432 2
RESID. r		389	393.0	1.010 3	1.005 1		

从估计结果可见，CKLS 模型均值回复系数为 0.376 7，均值 μ_0 为 3.309 76，仍然很接近利率均值。利率水平因素项中 γ 结果为 0.716 737，这与 CIR 模型固定 γ 为 0.5 不同。常数波动率 σ 估计结果为 0.61。模型参数估计结果均显著，见表 2－17。

表 2－17　　　　CKLS 模型最大似然估计——参数结果

Nonlinear FIML Parameter Estimates

Parameter	Estimate	Approx Std Err	t Value	Approx Pr > |t|
k1	0.376 743	0.050 1	7.52	<.000 1
u0	3.309 761	0.199 7	16.57	<.000 1
sigma	0.610 879	0.042 1	14.52	<.000 1
gamma	0.716 737	0.054 3	13.20	<.000 1

2.4.2.4　CT 模型的估计

中心趋势模型的离散形式为：

$$r_t - r_{t-1} = k_1(\mu_t - r_{t-1}) + \sigma r_{t-1}^{\gamma}\varepsilon_{1t}$$

$$\mu_t - \mu_{t-1} = k_3(\beta - \mu_{t-1}) + \eta_2\sqrt{\mu_{t-1}}\varepsilon_{3t} \tag{2-50}$$

参数向量 $\Theta = \{k_1, k_3, \beta, \eta_2, \gamma, \sigma\}$。CT 模型比较简单，仍然假设波动率为常数，但是放宽均值项为常数的假定，允许均值随机波动，并且利率扩散项包含利率水平因素。对 CT 模型估计仍然使用最大似然估计方法，结果如表 2－18、表 2－19 所示。

表 2－18　　　　CT 模型最大似然参数估计——模型描述

Nonlinear FIML Summary of Residual Errors

Equation	DF Model	DF Error	SSE	MSE	Root MSE	R-Square	Adj R-Sq
r	3	390	1 135.0	2.910 4	1.706 0	0.426 8	0.423 9
RESID. r		390	393.0	1.007 7	1.003 8		
u	3	390	4.318 9	0.011 1	0.105 2	0.996 0	0.996 0
RESID. u		390	393.0	1.007 7	1.003 9		

表 2-19　　CT 模型最大似然参数估计——参数结果

Nonlinear FIML Parameter Estimates

Parameter	Estimate	Approx Std Err	t Value	Approx Pr > | t |
k1	0.287 12	0.023 5	12.22	<.000 1
k3	0.011 755	0.002 60	4.51	<.000 1
sigma	0.555 062	0.037 7	14.73	<.000 1
gamma	0.770 318	0.053 2	14.47	<.000 1
yeta2	0.033 753	0.001 20	28.02	<.000 1
beta	3.655 073	0.409 2	8.93	<.000 1

CT 模型参数结果表显示，如果增加了均值随机特征后，利率水平本身的均值回复速度变快，而随机均值的均值项 β 为 3.655，接近简单统计描述中利率均值 3.454 558 6。

2.4.2.5　SV 模型的估计

原始随机波动率结构化模型的离散表示如下：

$$r_t - r_{t-1} = k_1(\mu_0 - r_{t-1}) + \sqrt{V_t}\varepsilon_{1t}$$
$$V_t - V_{t-1} = k_2(\alpha - V_{t-1}) + \eta_1\varepsilon_{2t} \tag{2-51}$$

ε_{1t}，ε_{2t}是独立的维纳过程，结构化模型参数向量 $\Theta = \{k_1, \mu_0, k_2, \alpha, \eta_1\}$。

为了估计模型简便，对参数重新设定，令 $f_0 = k_1\mu_0$，$f_1 = 1 - k_1$，$s_0 = k_2\alpha$，$s_1 = 1 - k_2$，模型简化为：

$$r_t = f_0 + f_1 r_{t-1} + \sqrt{V_t}\varepsilon_{1t}$$
$$V_t = s_0 + s_1 V_{t-1} + \eta_1\varepsilon_{2t} \tag{2-52}$$

因此，对 $\Theta = \{k_1, \mu_0, k_2, \alpha, \eta_1\}$。的估计就转而估计 $\Theta' = \{f_1, f_0, s_1, s_0, \eta_1\}$。

对随机波动率模型进行参数估计最有效的方法是有效矩估计，因为随机波动率模型含有潜在变量，模型的似然函数不容易写出。根据有效矩方法的步骤，首先选择适当的辅助模型：

$$r_t = m_0 + m_1 r_{t-1} + \sigma_t\varepsilon_{1t}$$
$$\sigma_t^2 = arch_0 + arch_1 r_{t-1}^2 + garch_1\sigma_{t-1}^2 \tag{2-53}$$

辅助模型参数向量 $\Psi = \{m_0, m_1, arch_0, arch_1, garch_1\}$。

另外假设辅助模型密度函数为高斯密度函数：

$$f(r_t \mid R_{t-1}, \Psi) \propto \frac{1}{\sigma_t}\exp\left(-\frac{r_t^2}{2\sigma_t^2}\right) \tag{2-54}$$

因此辅助模型的刻度向量 $s_f(r_t, \hat{\Psi}) = (\partial/\partial\Psi)\ln f(r_t \mid R_{t-1}, \hat{\Psi})$ 很容易计算。

对辅助模型进行最大似然估计结果如下表：

表 2-20　　SV 模型的辅助模型最大似然估计——模型描述

The SNP MODEL Procedure

Nonlinear FIML Summary of Residual Errors

Equation	DF Model	DF Error	SSE	MSE	Root MSE	R-Square	Adj R-Sq	Label
r	5	388	1 124.3	2.897 7	1.702 3	0.432 2	0.426 4	r
resid. r		388	392.7	1.012 2	1.006 1			r

表 2-21　　SV 模型的辅助模型最大似然估计——参数结果

Nonlinear FIML Parameter Estimates

Parameter	Estimate	Approx Std Err	t Value	Approx Pr > |t|
m0	0.876 982	0.128 3	6.83	<.000 1
m1	0.707 101	0.053 3	13.27	<.000 1
arch0	-0.176	0.051 4	-3.42	0.000 7
arch1	0.133 213	0.012 4	10.77	<.000 1
garch1	0.264 904	0.064 0	4.14	<.000 1

从表 2-21 中可见辅助模型对随机波动率模型描述非常接近，所有参数均显著。接下来计算辅助模型协方差矩阵，对样本辅助模型的刻度向量计算非对称协方差的一致性估计量。因为辅助模型比较近似原结构化模型，协方差矩阵可以这样计算，由辅助刻度函数梯度的外积估计协方差矩阵：

$$\hat{V}_n = \frac{1}{n}\sum_{t=1}^{n} s_f(dr_t, \hat{\Psi})\, s_f(dr_t, \hat{\Psi})' \tag{2-55}$$

协方差矩阵如表 2－22 所示，协方差矩阵是五行五列的上三角矩阵。表中第二列表示矩阵元素值，第四、五列表示元素所在位置。

表 2－22　　SV 模型的有效矩估计协方差矩阵

Obs	value	_type_	eq_row	eq_col
1	3.819	gmm	m1	m1
2	4.529	gmm	m1	m2
3	8.015	gmm	m2	m2
4	－34.476	gmm	m1	m3
5	－22.482	gmm	m2	m3
6	474.054	gmm	m3	m3
7	－20.315	gmm	m1	m4
8	－29.202	gmm	m2	m4
9	169.050	gmm	m3	m4
10	184.405	gmm	m4	m4
11	－27.944	gmm	m1	m5
12	－17.641	gmm	m2	m5
13	387.111	gmm	m3	m5
14	133.146	gmm	m4	m5
15	317.021	gmm	m5	m5

当协方差为正值时，表示随机变量两个时点值呈同方向变动；协方差为负值时，表示随机变量两个时点值呈相反方向变化。

最后进行有效矩估计的过程是建立在模拟矩估计的基础之上，首先产生两列独立的标准正态分布随机数 T＝25 000 个，为避免初始不稳定影响舍弃前 5 000 个数据。从真实模型中产生出模拟序列 $\{d\hat{r}_1(\Psi), d\hat{r}_2(\Psi), \cdots, d\hat{r}_T(\Psi)\}$，求使得下列目标函数最小化的参数向量 $\hat{\Theta}_n$，

$$\hat{\Theta}_n = \underset{\theta}{\operatorname{argmin}} m_T(\Theta, \hat{\Psi}_n)' \hat{V}_n^{-1} m_T(\Theta, \hat{\Psi}_n) \qquad (2-56)$$

(2－56) 中，$m_T(\Theta, \hat{\Psi}_n) = \frac{1}{T}\sum_{s=1}^{T} s_f(d\hat{r}_s, \hat{\Psi}_n)$ 是在固定辅助模型参数 $\hat{\Psi}_n$ 条件下的样本矩条件，m_T 通过模拟序列 $d\hat{r}_s(\Theta)$ 依赖于参数向量 Θ。有效矩估计结果如下表：

表 2-23　　SV 模型有效矩估计——矩条件描述

EMM Estimates The MODEL Procedure

Nonlinear GMM Summary of Residual Errors

Equation	DF Model	DF Error	SSE	MSE	Root MSE
m1	1	19 999	4. 199 9E9	210 007	458. 3
m2	1	19 999	3. 348 9E9	167 455	409. 2
m3	1	19 999	3. 414E18	1. 707E14	13 064 684
m4	1	19 999	2. 26E18	1. 13E14	10 629 238
m5	1	19 999	4. 597E17	2. 299E13	4 794 279

表 2-24　　SV 模型有效矩估计——参数结果

Nonlinear GMM Parameter Estimates

Parameter	Estimate	Approx Std Err	t Value	Approx Pr > | t |
f0	0. 879 173	7. 182E-8	1. 224E7	<. 000 1
f1	0. 706 401	8. 14E-21	8. 68E19	<. 000 1
s0	0. 176 09	4. 176E-8	-4. 22E6	<. 000 1
s1	0. 264 616	1. 486E-8	1. 78E7	<. 000 1
yeta1	0. 129 424	2. 031E-7	637 276	<. 000 1

根据模型（2-41）转换到（2-42）的参数关系计算得到原结构化模型参数值：

表 2-25　　SV 原结构模型有效矩估计——参数结果

Nonlinear GMM Parameter Estimates

Parameter	u0	k1	alpha	k2	yeta1
Estimate	2. 994 47	0. 293 599	0. 239 33	0. 735 384	0. 129 424

SV 模型估计利率均值 μ_0 为 2. 994 47，比 CIR 和 CKLS 模型稍有下降，很符合国债回购利率的长期趋势。均值回复速度为 0. 293 6，比没有随机均值和随机波动影响的 CIR 和 CKLS 模型速度慢。这说明，允许均值项和波动

项随机变化都会对利率水平的均值回复速度产生影响，随机波动因素本身的回复速度分担了一部分利率水平因素的回复速度。

2.4.2.6　SV-SD 模型的估计

对随机波动 - 随机均值模型进行有效矩估计，首先设定辅助模型。SV-SD 原结构模型离散形式为：

$$\begin{aligned} r_t - r_{t-1} &= k_1(\mu_t - r_{t-1}) + \sqrt{V_t}\varepsilon_{1t} \\ V_t - V_{t-1} &= k_2(\alpha - V_{t-1}) + \eta_1\varepsilon_{2t} \\ \mu_t - \mu_{t-1} &= k_3(\beta - \mu_{t-1}) + \eta_2\varepsilon_{3t} \end{aligned} \tag{2-57}$$

ε_{1t}，ε_{2t}，ε_{3t}是独立的维纳过程，原结构模型参数向量 $\Theta = \{k_1, k_2, \alpha, \eta_1, k_3, \beta, \eta_2\}$。

为了估计模型简便，对参数重新设定，令

$$p_0 = k_2\beta, p_1 = 1 - k_2, p_2 = k_1, s_0 = k_2\alpha, s_1 = 1 - k_2$$

模型简化为：

$$\begin{aligned} r_t &= p_2\mu_t + (1 - p_2)r_{t-1} + \sqrt{V_t}\varepsilon_{1t} \\ V_t &= s_0 + s_1V_{t-1} + \eta_1\varepsilon_{2t} \\ \mu_t &= p_0 + p_1\mu_{t-1} + \eta_2\varepsilon_{3t} \end{aligned} \tag{2-58}$$

因此对参数向量 $\Theta = \{k_1, k_2, \alpha, \eta_1, k_3, \beta, \eta_2\}$ 的估计就转变成为对参数向量 $\Theta' = \{p_0, p_1, p_2, s_0, s_1, \eta_1, \eta_2\}$ 的估计。

设定辅助模型为：

$$\begin{aligned} r_t &= m_0\mu_t + \sqrt{V_t}z_t \\ \mu_t &= b_0 + b_1r_{t-1} + b_2\mu_{t-1} \\ V_t &= arch_0 + arch_1r_{t-1}^2 + garch_1V_{t-1} \end{aligned} \tag{2-59}$$

假设辅助模型密度函数为：

$$f(r_t \mid x_t, \Psi) \propto \frac{1}{\sigma_t}\exp\left(-\frac{(r_t - m_0\mu_t)^2}{2\sigma_t^2}\right) \tag{2-60}$$

其中 z_t 是高斯引导项，r_t 是利率样本序列，$x_t = \{r_{t-1}, r_{t-2}, \cdots r_1\}$ 是信息集，$\Psi = \{m_0, b_0, b_1, b_2, arch_0, arch_1, garch_1\}$ 是辅助模型参数向量。

进行 EMM 估计的步骤与 SV 模型一样，首先对辅助模型做最大似然估计，得到辅助模型参数向量 $\Psi = \{m_0, b_0, b_1, b_2, arch_0, arch_1, garch_1\}$ 估计结果如下表：

表 2-26　　SV-SD 模型的辅助模型最大似然估计——模型描述

Nonlinear FIML Summary of Residual Errors

Equation	DF Model	DF Error	SSE	MSE	Root MSE	R-Square	Adj R-Sq	Label
r	4	389	1 062.1	2.730 3	1.652 4	0.463 7	0.459 5	r
resid. r		389	392.9	1.010 1	1.005 0			r
u	4	389	4.278 2	0.011 0	0.104 9	0.996 1	0.996 0	u
RESID. u		389	392.9	1.010 1	1.005 0			u

表 2-27　　SV-SD 模型的辅助模型最大似然估计——参数结果

Nonlinear FIML Parameter Estimates

Parameter	Estimate	Approx Std Err	t Value	Approx Pr > |t|
m0	0.578 989	0.011 0	52.83	<.000 1
b0	0.042 903	0.019 3	2.23	0.026 4
b1	0.992 63	0.005 22	190.28	<.000 1
b2	-0.006 63	0.003 86	-1.72	0.086 5
arch0	-0.147 26	0.054 6	-2.70	0.007 3
arch1	0.135 329	0.011 4	11.92	<.000 1
garch1	0.175 861	0.071 5	2.46	0.014 3

计算协方差矩阵作为 EMM 估计的权重矩阵，最后得到 SV-SD 模型的有效矩参数向量估计表：

表 2-28　　SV-SD 模型的有效矩估计——参数结果

Nonlinear GMM Parameter Estimates

Parameter	Estimate	Approx Std Err	t Value	Approx Pr > |t|
s0	0.601 644	9.71E-10	6.197E8	<.000 1
s1	-0.489 4	2.527E-9	-1.94E8	<.000 1
p0	0.392 438	0.000 015	26 627.8	<.000 1

续表

Nonlinear GMM Parameter Estimates				
Parameter	Estimate	Approx Std Err	t Value	Approx Pr > | t |
p1	0.991 117	3.167E − 7	3 129 543	<.000 1
p2	0.031 36	8.315E − 6	− 20 926	<.000 1
yeta1	0.351 54	1.331E − 9	− 2.64E8	<.000 1
yeta2	1.062 167	0.000 015	70 862.9	<.000 1

根据模型（2 − 57）转换到（2 − 58）的参数关系计算得到 SV-SD 原结构化模型参数值：

表 2 − 29　　**SV-SD 原结构模型参数结果**

Nonlinear GMM Parameter Estimates	
Parameter	Estimate
k1	0.392 438
k2	1.489 4
a	0.403 95
k3	0.008 89
beta	3.523 783
yeta1	0.351 54
yeta2	1.062 167

SV-SD 模型均值回复速度 0.392 438，与 CT 模型近似，在允许均值随机波动的情况下，回复速度增大，均值项本身的回复速度为 0.008 89，作为长期均值，本身回复速度很慢，均值项本身的均值为 3.52，同样很接近利率均值 3.45，随机波动率回复速度 1.489 4，波动率均值项 − 0.403 95。

2.4.2.7　SVJ-SD 模型的估计

SVJ-SD 原结构模型离散形式为：

$$r_t - r_{t-1} = k_1(\mu_t - \lambda r_{t-1}/k_1 - r_{t-1}) + \sqrt{V_t}\varepsilon_{1t} + \sigma_J J q_t$$

$$V_t - V_{t-1} = k_2(\alpha - V_t) + \eta_1 \varepsilon_{2t}$$
$$\mu_t - \mu_{t-1} = k_3(\beta - \mu_t) + \eta_2 \varepsilon_{3t} \quad (2-61)$$

原模型参数向量 $\Theta = \{k_1, k_2, \alpha, \eta_1, k_3, \beta, \eta_2, \sigma_J, \lambda\}$。

为了估计模型简便，对参数重新设定，令

$$q_0 = k_3\beta, q_1 = 1 - k_3, p_0 = k_1, p_1 = 1 - \lambda - k_1, s_0 = k_2\alpha, s_1 = 1 - k_2$$

模型简化为：

$$r_t = p_0\mu_t + p_1 r_{t-1} + \sqrt{V_t}\varepsilon_{1t}$$
$$V_t = s_0 + s_1 V_{t-1} + \eta_1 \varepsilon_{2t},$$
$$\mu_t = q_0 + q_1\mu_{t-1} + \eta_2 \varepsilon_{3t} \quad (2-62)$$

因此对参数向量 $\Theta = \{k_1, k_2, \alpha, \eta_1, \lambda, k_3, \beta, \eta_2, \sigma_J\}$ 的估计就转变成为对参数向量 $\Theta' = \{p_0, p_1, q_0, q_1, s_0, s_1, \eta_1, \eta_2, \sigma_J\}$ 的估计。

辅助模型为：

$$r_t = m_0\mu_t + \sqrt{V_t}z_t + \sigma_J J q_t$$
$$\mu_t = f_0 + f_1\mu_{t-1} + f_2 r_{t-1}$$
$$V_t = arch_0 + arch_1 r_{t-1}^2 + garch_1 V_{t-1} \quad (2-63)$$
$$P_K(z, x) = 1 + a_{10}z + a_{01}x$$

假设辅助模型密度函数为：

$$f_k(r_t | x_t, \Psi) = C[P_k(z_t, x_t)]^2 \frac{\Phi(z_t)}{r_{t-1}^{\gamma}\sqrt{Vt}} \quad (2-64)$$

其中：$\Psi = \{m_0, f_0, f_1, f_2, arch_0, arch_1, garch_1, a_{10}, a_{01}\}$ 是辅助模型参数向量，z_t 是高斯引导项，r_t 是利率样本序列，$x_t = \{r_{t-1}, r_{t-2}, \cdots r_1\}$ 是信息集，$\sqrt{Vt}$ 是利率波动率因素项，$P(z_t, x_t)$ 是关于 z_t 和 x_t 的多项式，$\Phi(z_t)$ 是标准正态分布密度函数，C 是为了让密度函数积分得 1 而满足密度函数要求的常数项。该辅助模型密度函数与 SV 模型假设的辅助模型密度函数不同，多出 $P(z_t, x_t)$ 多项式部分，反映了密度函数非正态性，也反映了随机变量的偏度和峰度等。如果随机变量服从正态分布，则密度函数中的多项式部分为 1。辅助模型中序列 μ_t 的自相关和移动平均阶数的确定是通过观察序列 μ_t 的自相关图和一阶差分自相关图特征，做相应的序列自相关和移动平均回归，并对残差做白噪声检验而得。该模型利率波动项不包含利率水平效应。辅助模型最大似然估计结果和原结构模型有效矩估计结果如下：

表 2－30　　SVJ-SD 模型的辅助模型最大似然估计——模型描述

The MODEL Procedure

Nonlinear FIML Summary of Residual Errors

Equation	DF Model	DF Error	SSE	MSE	Root MSE	R-Square	Adj R-Sq	Label
r	5	388	1 063. 8	2. 741 7	1. 655 8	0. 462 8	0. 457 3	r
resid. r		388	392. 9	1. 012 7	1. 006 3			r
u	4	389	4. 278 2	0. 011 0	0. 104 9	0. 996 1	0. 996 0	u
RESID. u		389	392. 9	1. 010 0	1. 005 0			u

表 2－31　　SV-SD 模型的辅助模型最大似然估计——参数结果

Nonlinear FIML Parameter Estimates

Parameter	Estimate	Approx Std Err	t Value	Approx Pr > | t |
m0	0. 579 311	0. 010 9	53. 04	<. 000 1
f0	0. 042 908	0. 019 3	2. 23	0. 026 4
f1	－0. 006 63	0. 003 86	－1. 72	0. 086 4
f2	0. 992 629	0. 005 22	190. 16	<. 000 1
arch0	－0. 157 23	0. 053 2	－2. 95	0. 003 3
arch1	0. 136 071	0. 011 2	12. 18	<. 000 1
garch1	0. 178 683	0. 070 0	2. 55	0. 011 1
yeta2	0. 010 889	0. 000 777	14. 01	<. 000 1
sigmaj	0. 063 212	0. 047 2	1. 34	0. 081 7

PROC NLP: Nonlinear Maximization Optimization Start

Parameter Estimates

N	Parameter	Estimate
1	a10	0. 522 399
2	a01	0. 848 673

表 2-32　　SVJ-SD 模型有效矩估计——参数结果

EMM Estimates The MODEL Procedure

Nonlinear GMM Parameter Estimates

Parameter	Estimate	Approx Std Err	t Value	Approx Pr > | t |
s0	0. 956 876	5. 784E-6	111 023	<. 000 1
s1	-0. 982 34	4. 9E-8	-2E7	<. 000 1
p0	0. 275 43	1. 3E-26	7. 451E8	<. 000 1
p1	0. 238 915	0. 001 02	965. 06	<. 000 1
q0	0. 002 112	0. 002 57	0. 82	<. 000 1
q1	0. 993 952	0. 000 607	107. 76	<. 000 1
yeta1	0. 408 11	3. 816E-6	-106 952	<. 000 1
ye2	1. 623 24	0. 000 246	-6 598. 9	<. 000 1
sigmaj	0. 086 78	1. 46E-32	-768E33	<. 000 1

根据模型（2-61）转换到（2-62）的参数关系计算得到原结构化模型参数值：

表 2-33　　SVJ-SD 原结构构模型参数结果

Nonlinear GMM Parameter Estimates

Parameter	Estimate
k1	0. 275 43
k2	1. 982 34
a	0. 482 7
k3	0. 006 048
beta	3. 491 96
lamda	0. 485 655
yeta1	0. 408 11
yeta2	1. 623 24
sigmaj	0. 086 788

表 2－33 显示，SVJ-SD 模型的有效矩估计结果比较好，各参数均显著，经转换，SVJ-SD 的原结构模型利率水平均值回复速度为 0. 275 43，均值项参数 3. 491 96，接近描述统计均值。

2. 4. 2. 8　六个模型估计结果比较

表 2－32 综合上述六个模型的估计结果。当均值为常数假设时，模型 CIR、CKLS 和 SV 分别得到均值 μ 估计结果为 3. 385 324，3. 309 761 和 2. 994 47，这些结果与简单描述统计利率均值 3. 454 558 6 都很接近，但是从图 2－1 对国债回购利率样本数据的描述来看，我国国债回购利率从 1997 年到 2005 年逐渐走低，趋势下降，均值 3. 454 5 是所有样本数据的均值，跨期长，但是观测长期趋势，均值并不再出现 1997 年—1998 年那么高的水平，因此长期均值必将走低，SV 模型就描述出了这种走低趋势，也说明多因素模型的确能够更加真实地反映利率行为走势。如果允许利率随机波动，那么随机均值的漂移项参数 β 的估计就反映了利率均值，模型 CT、SV-SD 和 SVJ-SD 的估计结果分别是 3. 655 073，3. 523 783 和 3. 491 96。这三者比较，SVJ-SD 模型最能反映真实利率均值逐渐走低的趋势。那么经过实证，确实证明中国国债回购利率存在明显的均值回复特征。

对波动率假设为常数的模型为 CIR、CKLS 和 CT 模型。这三者对常数波动率的估计很相近，分别是 0. 790 164，0. 610 879 和 0. 555 062。

模型 CKLS 和 CT 分别对利率水平效应参数 γ 进行估计，估计值为 0. 716 737 和 0. 770 318。这个结果与 CKLS 对美国数据估计结果约为 1. 5 不同，说明美国国债利率受到水平因素影响更加敏感。而 CIR 模型已经假定 $\gamma = 0.5$，其余三者为了做后文对利率衍生品定价的简化，没有对 γ 进行估计。

带有随机波动率因素的三个模型分别是 SV、SV-SD 和 SVJ-SD 模型，随机波动率在原结构模型中以普通漂移扩散随机过程描述，在辅助模型中以广义自回归条件异方差模型描述，以辅助模型中条件密度对辅助模型参数的一阶最优化条件为矩条件，模拟原结构模型变量序列，估计得到结构模型参数。随机波动率因素漂移项均值分别是 0. 239 33，0. 403 95 和 0. 482 7。漂移项回复速度分别是 0. 735 384，1. 489 4 和 1. 982 34。

带有随机均值因素的模型分别是 CT、SV-SD 和 SVJ-SD 模型。这三个模型的漂移项回复速度参数分别为 0. 011 76，0. 008 89 和 0. 006 048，这三个模型放宽了国债回购利率的均值为常数的假定，认为均值从长期水平来看也是存在随机变动的，并且也遵从均值回复过程，但是这种调整速度并不像回购利率本身调整速度那样快，而是缓慢调整，因此速度都很小。

另外，SVJ-SD 模型跳跃密度是 0.462 8，跳跃幅度的方差参数是 0.086 9。跳跃项参数均显著，能够说明存在跳跃项的必要性。

表 2－34　六种利率期限结构模型参数估计结果比较

模型	CIR	CKLS	CT	SV	SV-SD	SVJ-SD
估计方法	Fiml	Fiml	Fiml	Emm	Emm	Emm
因素个数	单因素		双因素		三因素	
μ	3.385 324 (0.228 7)	3.309 761 (0.199 7)		2.994 47		
k_1	0.317 529 (0.042 6)	0.376 743 (0.050 1)	0.287 12 (0.171 5)	0.293 599	0.392 438	0.275 43
σ	0.790 164 (0.028 2)	0.610 879 (0.042 1)	0.555 062 (0.037 7)			
γ		0.716 737 (0.054 3)	0.770 318 (0.053 2)			
α				0.239 33	0.403 95	0.482 7
k_2				0.735 384	1.489 4	1.982 34
η_1				0.129 424	0.351 54	0.408 11
β			3.655 073 (0.409 2)		3.523 783	3.491 96
k_3			0.011 755 (0.023 5)		0.008 89	0.006 048
η_2			0.033 753 (0.001 2)		1.062 167	1.623 24
σ_J						0.086 788
λ						0.485 655
R-square	0.436 8	0.436 6	0.426 8	0.432 2	0.463 7	0.462 8

注：Fiml 为最大似然法，Emm 为有效矩法

通过对六个期限结构模型的分析和估计，最终得出结论：随机波动率因素对提高拟合准确性很关键，把描述利率行为提升到动态方差水平，能够反映出真实利率异方差行为特征；包含随机均值漂移因素也是合适的、显著的，是提高模型有效性的需要。从经济学意义上讲，均值漂移可能意味着一个慢速的通货膨胀预期，或者真实利率的时变，或者两者都包括。当短期利率围绕高持久时变中心趋势变化时，令其具有相对快速的均值回复速度是十分必要的。更进一步的发现，加入跳跃有助于拟合效果，它从随机波动项分担了一部分描述极端行为的责任，随机波动率主要描述利率方差在适当范围内的变化特征，而跳跃项描述了利率对经济、政治等其他因素产生的极端回应的行为特征，如果没有跳跃，波动率估计不能良好拟合短期利率条件方差过程的持久程度。

考虑到整体样本期限比较长，全部样本期限的拟合效果图不能清晰地显示拟合效果，因此，下面的拟合效果图一共分为三组，每组六个图：第一组是整个样本期限从 1997 年 6 月—2005 年 6 月六个模型的拟合效果比较；第二组是样本期限从 1997 年 6 月—1998 年 6 月一年之内六个模型的拟合效果比较；第三组是样本期限从 2004 年 6 月—2005 年 6 月一年之内六个模型的拟合效果比较。

从第一组效果图（图 2－4 至图 2－9）可以得出如下结论：CIR、CKLS 和 CT 模型不能准确描述利率跳跃特征。拟合值比较平滑，但是基本能够反映利率均值回复特性。SV、SV-SD 和 SVJ-SD 模型拟合利率行为比较准确，基本反映利率的跳跃行为。

第二组图（图 2－10、图 2－15）的样本期选择了国债回购利率波动最大的一年时间，当时我国回购利率刚刚开始交易，波动性大，还没有经过几次降息，利率普遍比较高。得到结论：CIR 和 CKLS 模型能够反映利率均值回复性，但是不能准确描述利率跳跃特征。CT 模型因为多了一个随机漂移因素，因此能够增加对利率走势描述的准确度，反映了一些跳跃情况，如同 SV、SV-SD 和 SVJ-SD 模型一样都能够拟合准确反映利率的跳跃行为，但是 CT 模型的跳跃幅度明显不足。

第三组图（图 2－16、图 2－21）的样本期选择了国债回购利率最近的一年。利率水平普遍较低，变化稍微平缓。得到结论：CIR 和 CKLS 模型拟合值不能描述利率跳跃特征。CT、SV、SV-SD 和 SVJ-SD 模型能够准确描述利率均值回复和跳跃特征，但稍有滞后。带有随机波动因素的 SV、SV-SD

和 SVJ-SD 模型跳跃性描述更为接近现实，CT 模型描述跳跃特征的跳跃幅度不足，SV-SD 和 SVJ-SD 三因素模型拟合残差明显低于单因素模型和双因素模型。

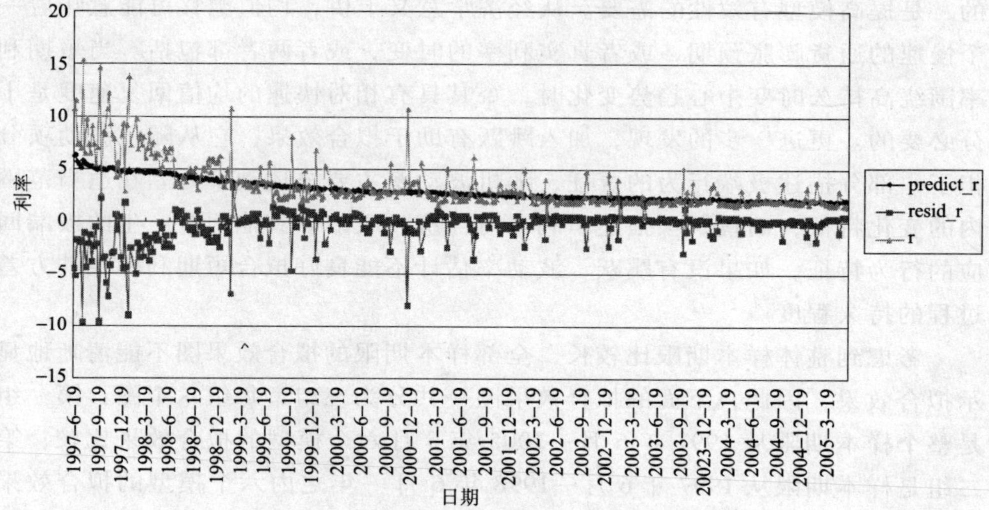

图 2-4　CIR 模型国债回购利率拟合效果图

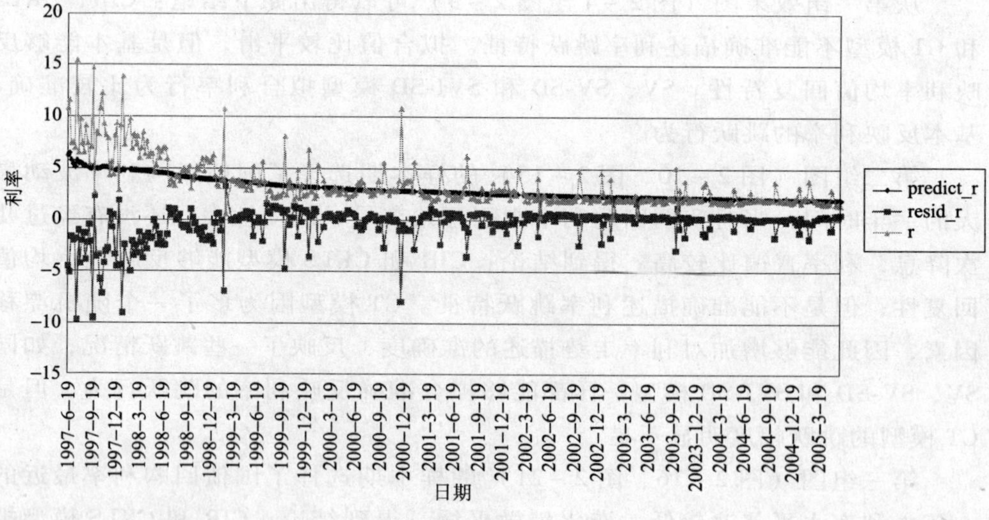

图 2-5　CKLS 模型拟合效果图

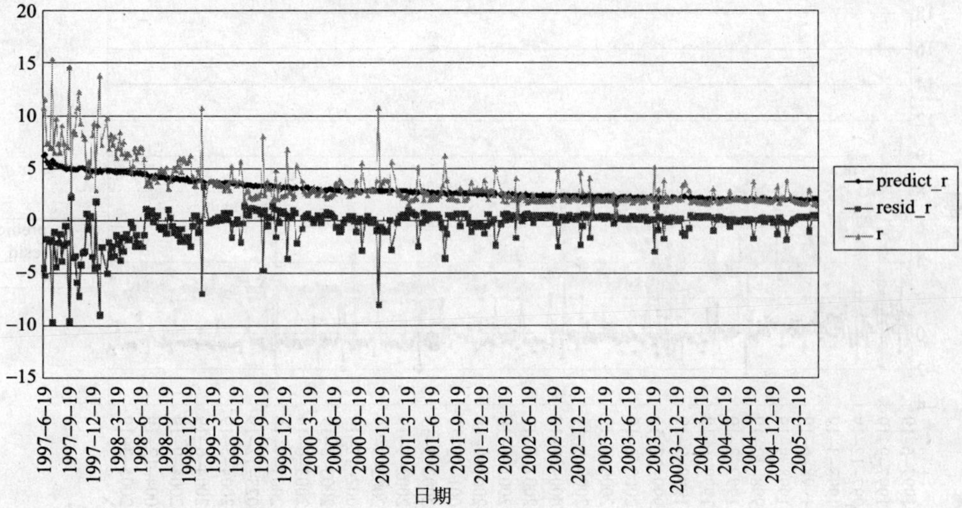

图 2-6　CT 模型国债回购利率拟合效果

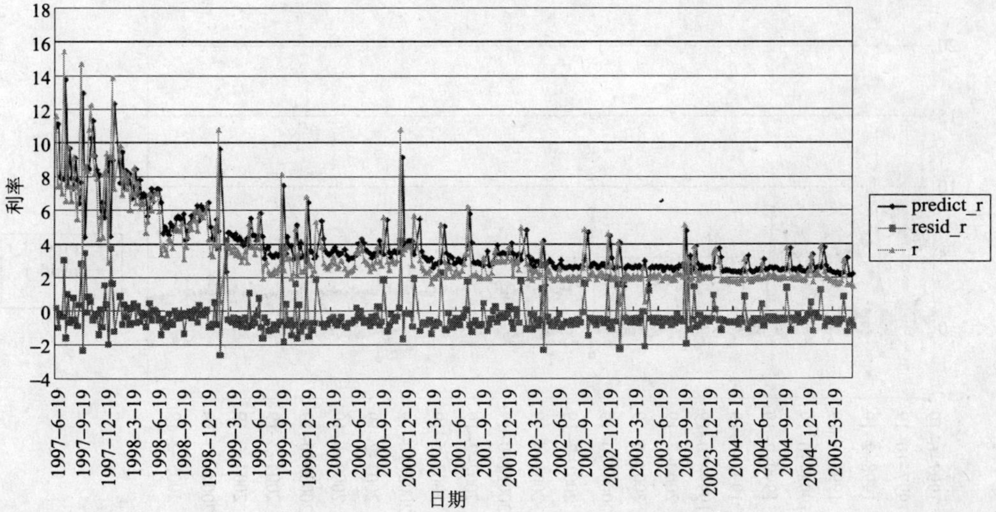

图 2-7　SV 模型国债回购利率拟合效果

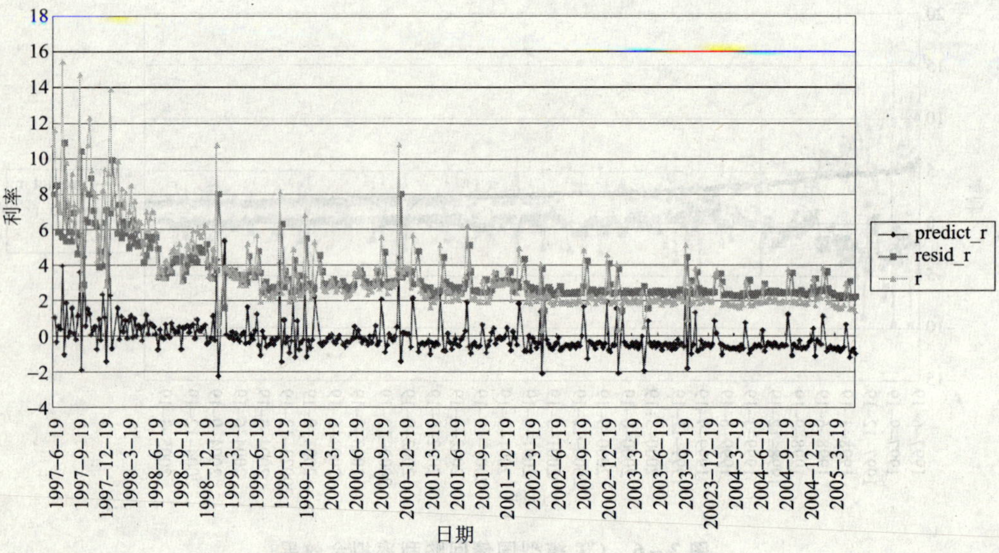

图 2－8　SV-SD 模型国债回购利率拟合图

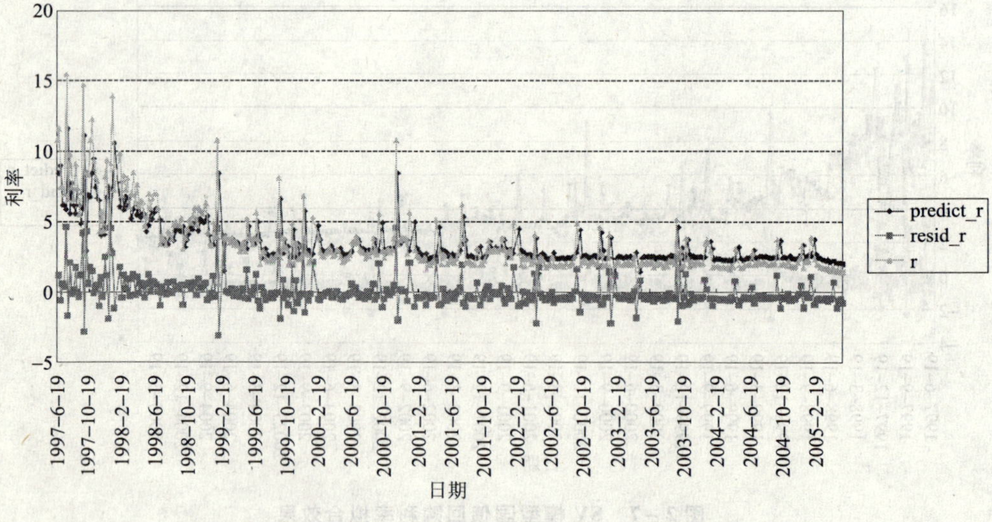

图 2－9　SVD-SJ 模型国债回购利率拟合效果图

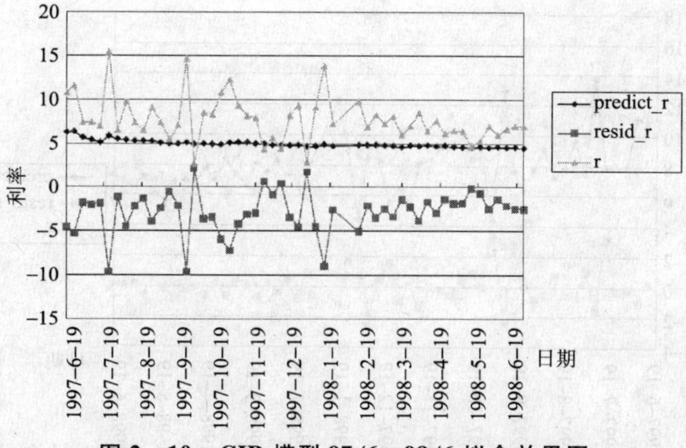

图 2-10　CIR 模型 97/6-98/6 拟合效果图

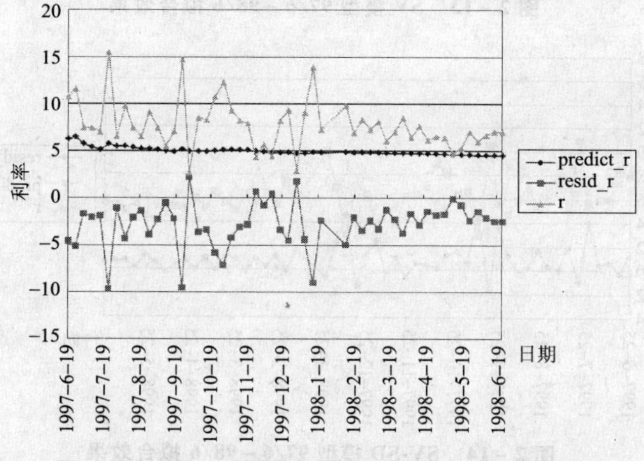

图 2-11　CKLS 模型 1997/6-1998/6 拟合效果图

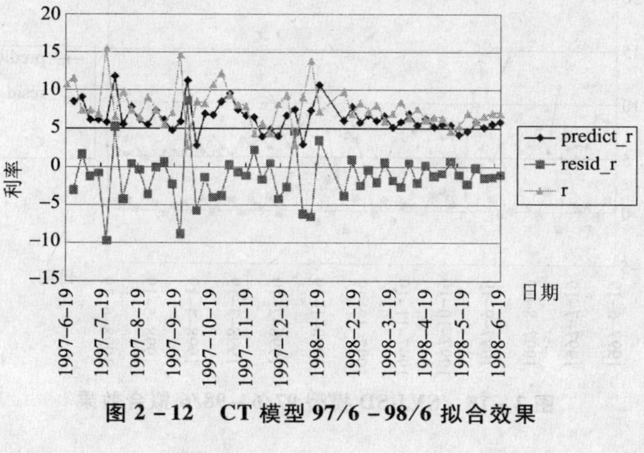

图 2-12　CT 模型 97/6-98/6 拟合效果

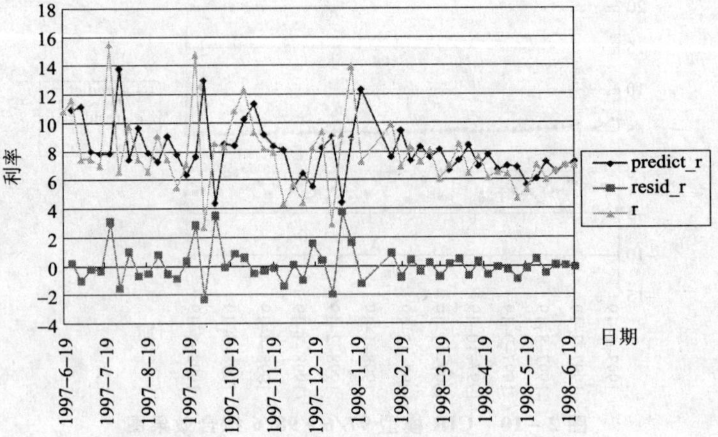

图 2-13 SV 模型 97/6-98/6 拟合效果

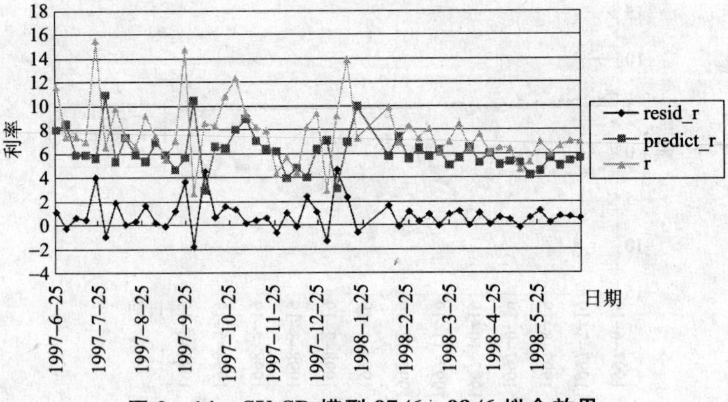

图 2-14 SV-SD 模型 97/6-98/6 拟合效果

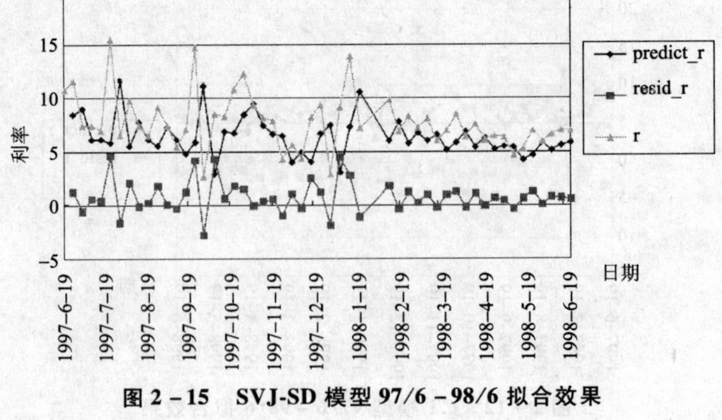

图 2-15 SVJ-SD 模型 97/6-98/6 拟合效果

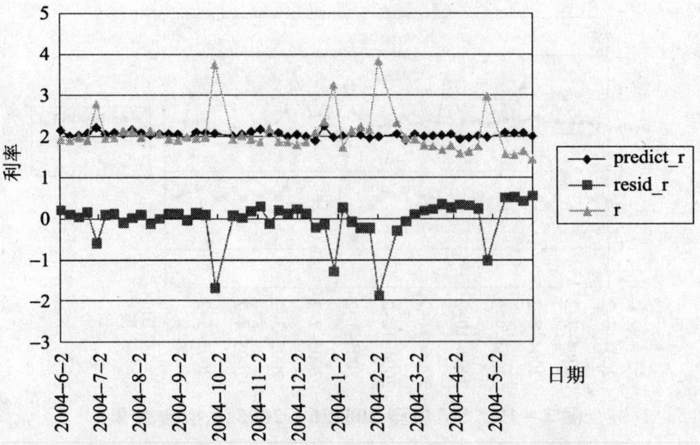

图 2－16　CIR 模型 2004/6－2005/6 拟合效果图

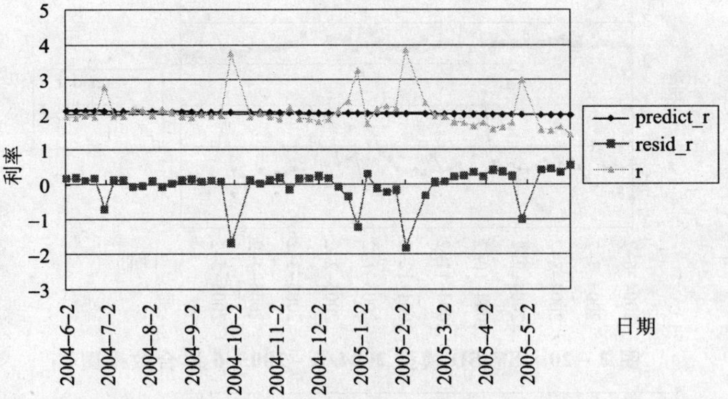

图 2－17　CKLS 模型 2004/6－2005/6 拟合效果

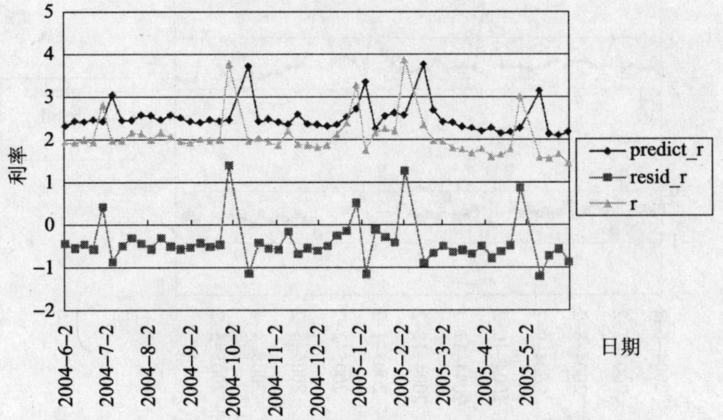

图 2－18　CT 模型 2004/6－2005/6 拟合效果

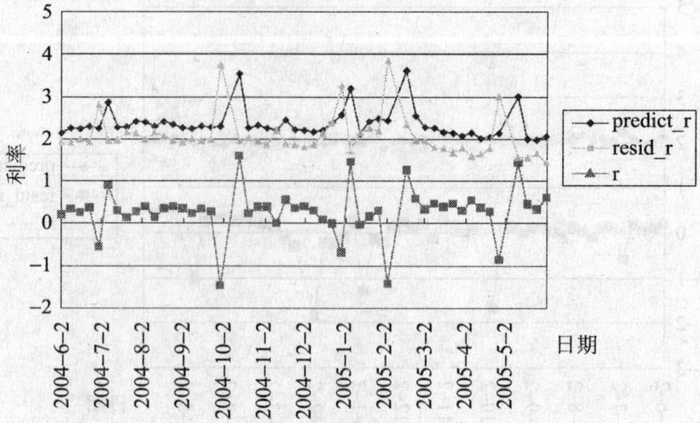

图 2 −19　SV 模型 2004/6 −2005/6 拟合效果

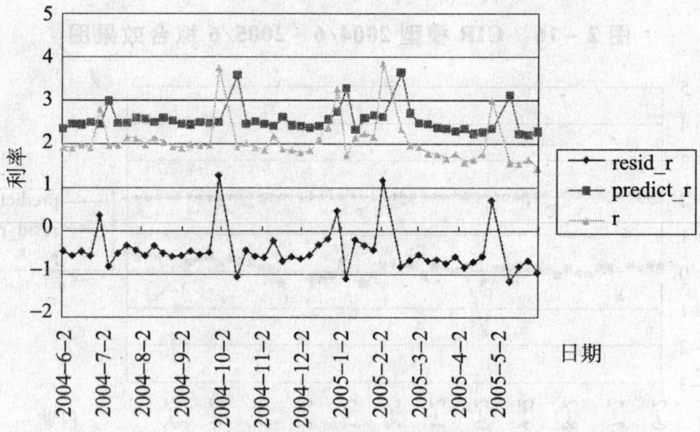

图 2 −20　SV-SD 模型 2004/6 −2005/6 拟合效果图

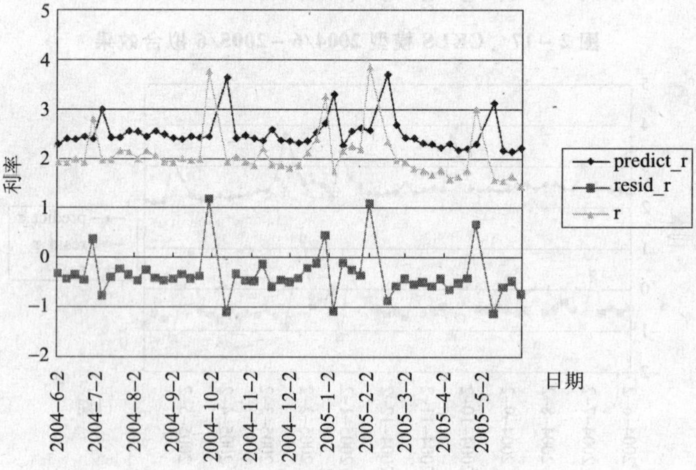

图 2 −21　SVJ-SD 模型 2004/6 −2005/6 拟合效果图

2.5 小　　结

第二章是利率期限结构研究的理论和实证部分，为利率衍生品定价作铺垫。首先分析建立利率期限结构模型描述利率行为存在的理论和实证方面的问题，主要集中在随机利率模型漂移项的非线性问题，波动项的条件异方差问题和非对称信息引起利率跳跃特征三个问题，通过在单因素模型基础上增加随机均值漂移，随机波动，以及加入跳跃项建立三因素利率期限结构模型，称之为 SVJ-SD 模型。这个带有跳跃特征的三因素随机模型包括了 CIR、CKLS、CT、SV、SV-SD 以及 SVJ-SD 六种特殊形式。

对六个模型进行参数估计，CIR、CKLS、CT 模型形式简单，不包含潜在变量，模型的似然函数容易写出，因此用最大似然方法估计这三个模型就可以达到较好的效果。而 SV、SV-SD 和 SVJ-SD 模型的似然函数不可得或者计算比较麻烦，因此使用 EMM 估计方法，并加以辅助模型能够得到较好的参数估计结果。

在实证研究部分，选取我国国债回购利率 R007 作为样本对象，选取适当的样本期间 R007 数据得到六个模型的参数估计结果，并进行结果的比较，得出结论：多因素模型确实比单因素模型更好地描述利率走势，并且本书所建立的带有跳跃特征的随机漂移随机波动三因素模型最好地反映了利率行为。

第3章

可转换公司债券

3.1 可转换公司债券的介绍

可转换公司债券[119]是一种公司债券，债券持有人有权利在债券期限内获得利息，到期获得本金。除了一般的债券性质之外，它包含多种期权。这些期权主要有：投资者按照一定价格在一定期限内将债券转换成公司股票的期权，称为转股权；投资者在一定条件下将债券按照一定价格回售给公司的期权，称为回售权；公司在一定条件下赎回可转换债券的期权，称为赎回权。其中转股权和回售权属于投资者的多头期权，而赎回权则属于发行公司的多头期权。本章可转换公司债券有时简称“可转债”或者“转债”。

选择发行可转债是公司进行融资的一种方式。具有以下多种好处：

(1) 灵活融资。因为可转债的特性，根据公司融资意图设定条款限制或者放宽条款限制，又可以变化出很多种类。既可以是债券，又可以有股票性质。可以是优先债券，也可是次级债券。设有赎回条款的发行公司可以在利率过低或者股价高涨的时候赎回债券再行融资，也可以不赎回，另其持有到期还本付息。设有回售条款的公司，可以发行溢价回售转债，票息较低，溢价较高，保证资本增值；也可以发行滚动回售转债，给予投资者多次把转债回售给发行公司的机会；还有转股可能性小的零息转债和折扣转债等。

(2) 延期股权融资，缓解现有股权稀释。企业发行转债目的是增加资本，当股市不利于股权融资时，具有股票性质的转债成为发行首选，当转债转成股票时，企业从负债转向了获得永久资本。大量发行股票直接稀释股权，导致股票价格大跌，而转债转股减缓稀释，避免股市价格波动。

(3) 较低筹资成本和避税功能。因为投资者期盼未来股价上涨，获得转股权和回售权保证，也给予发行公司相应赎回权作为代价，转债发行相对于普通债券发行利率低，条款限制少，不超过同期存款利率，企业以较低的利息率借入资金，对股东也是有利的。另外，债券利息可以作为企业财务费用，而股票红利不可以。

(4) 较高的发行价格。通常国际市场上通过认购可转债获得标的股票的价格比直接从市场上购买股票的价格高出5% ~30%。

发行可转债也具有不利因素：第一，如果可转换公司债券投资者不是公司原有股东，可转换公司债券转股后公司的控制权可能有所改变；第二，在给定公司业绩的情况下，转股导致发行在外的股票数量增多，致使该公司每股业绩受到一定程度的稀释；第三，可转换公司债券利息可以当作财务费用，而红利却不可以，因此转股也使得公司应税利润增加并承担更多的红利。以上种种因素导致可转换公司债券的存在会对股票的价格形成一定的压力。

正因为可转债的特点和复杂性，使得对它投资充满了吸引力。投资者追求投机性和收益性在这种证券上可以同时得到满足。企业发行转债需要确定转债价格，投资者购买转债需要确定转债价格，因此，可转债定价研究已经成为理论界和实务界非常热门的课题。对转债的定价还要从价格影响因素着手，转债是一种复杂的利率衍生金融工具，它的价格变化受到标的股票、利率等很多金融变量影响，虽然债券是固定息票与本金收益的证券，以往研究中对债券定价把利率期限结构当成水平状，现金流贴现按照统一利率。但是随着利率市场化发展，利率也成为影响金融产品价格变化的随机变量，而不是以前单一水平状，对利率期限结构研究的发展推动了对基于利率变量的金融衍生品定价的进一步发展。

3.1.1 可转换公司债券的发行条款

要为转债定价，首先分析转债的发行条款和结构。可转债发行条款有以下要素：

(1) 票面利率。可转换公司债券的票面利率通常要比普通债券的利率低，有时甚至还低于同期银行存款利率，根据我国《可转换公司债券管理暂行办法》（以下简称“暂行办法”）规定，可转换公司债券的利率不超过银行同期存款的利率水平。

(2) 面值。我国可转换公司债券面值是100元，最小交易单位是1 000元。

(3) 发行规模。可转换公司债券的发行规模不仅影响企业的偿债能力，而且要影响未来企业的股本结构，因此，发行规模是可转换公司债券很重要的因素，根据“暂行办法”，可转换公司债券的发行额不少于1亿元，发行后资产负债率不高于70%。

（4）期限。我国发行的可转换公司债券的期限规定为3~5年，国际市场上可转换公司债券期限通常较长，一般在5~10年左右，这个期限指债券的到期期限。可转债还有转换期限、赎回期限、回售期限，这三者分别在下列专门条款中说明。

（5）转换条款。

（5.1）转换期限。转换期是指可转债券转换为股票的起始日至截止日的期间。

（5.2）转股价格。转股价格是指可转债券转换为每股股票所支付的价格。转换比率是指一个单位的债券转换成股票的数量，即

$$转换比率 = 单位可转换公司债券的面值/转股价格 \quad (3-1)$$

我国法规对转债的转股价格规定主要有两个方面，一是针对重点国有企业，其转股价格是以拟发行股票的价格为基准，折扣一定比例；二是针对上市公司，其转股价格的确定是以公布募集说明书前三十个交易日公司股票的平均收盘价为基础，并上浮一定幅度。

（5.3）除权调整。转股价的除权调整实际上是一种反稀释条款，旨在保障既有可转换公司债券投资人的权益。当发行人股份发生变动时，应就股份变动前的转股价格进行适当的调整，因此当发行公司进行股份拆细、资本公积金转增股本、配股、增发或低于每股股票时价再次发行可转换公司债券时，均会按其相应稀释的比例调整转股价格，同时对发行公司以股票形式发放红利部分，也纳入调整公式计算新的转股价格。一般来说，现金红利不纳入转股价调整范围，但是目前国内许多企业为了吸引投资者也将股票红利作为调整转股价格的一个因素。

（5.4）特别向下调整条款。当股票价格表现不佳时，一般是股票价格连续低于转股价一定水平，该条款允许发行公司在约定的时间内将转股价格向下修正为原转股价格的70%~80%。

（6）赎回条款。赎回是指在一定条件下公司按事先约定的价格买回未转股的可转换公司债券。发行公司设立赎回条款的主要目的是降低发行公司的发行成本，避免因市场利率下降而给自己造成损失，也是对处于加速转股过程、减轻财务压力等情况的考虑。通常该条款可以起到保护发行公司和原有股东的权益的作用。

(6.1) 赎回期限。指允许公司赎回转债的开始日到截止日的期间。

(6.2) 赎回价格。赎回价格是事先约定的，它一般为可转换公司债券面值的103%~106%，对于定时赎回，其赎回价一般逐年递减，而对于不定时赎回，通常赎回价格除利息外是固定的。

(7) 回售条款。投资人依据一定的条件可以要求发行公司以面值加利息的价格买回转债。为了降低投资风险吸引更多的投资者，发行公司通常设置该条款。它在一定程度上保护了投资者的利益，是投资者向发行公司转移风险的一种方式。

(7.1) 回售期限。指允许投资人回售转债的开始日到截止日的期间。

(7.2) 回售价格。回售价格与面值差额是事先约定的，它一般比市场利率稍低，但远高于可转换公司债券的票面利率。

(8) 其他条款。

(8.1) 标的股票。标的股票一般是发行公司自己的普通股票，不过也有其他公司（如发债公司的上市子公司）的普通股，这种可转换公司债券被称为可交换债券。

(8.2) 转债还本付息方式。可转换公司债券本金偿还方式依照时间划分可分为分期偿还和到期一次偿还，按偿还物划分为现金偿还、标的股票偿还、转股后零股偿还等。利率支付方式包括：第一，可转换公司债券投资者选择转股是否能拿到转股前的利息；第二，可转换公司债券是定期付息、到期一次付息、还是折价发行到期按面值还本。

(8.3) 强制性转股。强制性转股是指在可转换公司债券到期时，发行公司强制尚未转股的可转换公司债券投资者按照预先制定好（在到期时通常已经被调整过）的转股价进行转股，而不顾及可转换公司债券投资者的自身意愿。

(8.4) 可转换公司债券担保及资信评级。在国际市场上，可转换公司债券视为无抵押公司债券，不需要附加担保条件，投资风险完全由投资人承担，个别情况存在担保或有抵押品条件。我国对可转换公司债券发行有担保要求，"暂行办法"规定"有具有代为清偿债务能力的保证人的担保"是发行可转换公司债券的基本条件。

公司债券的资信等级是资信评级机构对公司盈利能力、偿债能力和投资风险等的评价，其目的是为了保证发行成功，吸引投资人购买债券。国际市场上使用资信评级进行筹集资金是十分普遍的，甚至是进入国际债券市场融资的先决条件。但对于可转换公司债券来说，资信评级要求没有统一的惯例或统一的要求。一般来说，私募形式的发行不需要资信评级，公开募集的可转换公司债券需要资信评级。有发行担保的可转换公司债券，评级要求低于无担保的可转换公司债券。我国由于债券评级机制还很不完善，因此对可转换公司债券的资信评级没有要求。

(8.5) 还款保障以及违约责任。在国际市场上，可转换公司债券募集说明书很大篇幅都在阐述为了将来还款的承诺，设定了种种还款保障，对公司负债以及融资租赁等涉及到未来清偿债务的行为都有很大限制，而且对出现破产和无法偿还债务情形，也规定了责任人的责任以及起诉程序。比较通行的作法是采用受托人制度，这一制度是为了解决人数众多的持券人难以集中行使权利的问题而设立的，即由发债公司与信托公司签订协议，受托人接受发行人的资产抵押，如债券到期出现兑付问题，则持券人将权力委托给信托公司，让其统一行使抵押权以使投资者获得本金，从而解决分散的投资者监督不力的问题，保障债权人的合法权益。而我国目前可转换公司债券市场在这方面还有很大差距。

3.1.2 可转换公司债券的结构分析

根据转债定义和条款，对其结构作如下分析：

转债是债券和期权的组合体，债券性质和期权性质相互影响，构成了转债整体。条款完整的转债包含债券和相关的三个期权，分别是转换权、赎回权和回售权。

(1) 债券性质。

转债最基本的性质是债券性质，我国发行的转债都是附息债券，有的在存续期内，息票率不变；有的采用累进息票率，逐年增长。

(2) 转换权是投资人持有的交换期权多头。

转债发行人给予投资者的这种选择权，使得投资者可以按照事先约定的条件，在一定期限内，将持有债券转换为股票。以往研究认为转换权是以公司股票为标的，债券投资者享有的欧式看涨期权，而实际上，这种转换权并非普通标准期权，而是奇异期权的一种。分析其特征如下：首先，转换权的转换价格，即执行价格不是货币表示，而是债券和股票两种资产的相对价格。这个价格以债券面值除以初始转股价格为标准，这是一个固定的比例，与债权的市场价值无关。投资者是以固定比例来交换股票，这与事先规定好的货币来买股票是不同的。举例来说，约定面值 100 元的转债平价发行，转换价格是 20 元，那么事先约定的 1 张转债转换可以得到 5 股股票，这个比例是固定的，不随转债市场价格的变化而变化，假如执行转换时，转债市价为 50 元，但是仍然可以交换得到 5 股股票，相当于标准期权中执行价格降低。其次，转换权的执行，使得投资者身份转变，从原来的债权人转变为股东。原来所持转债的其他权利和义务全部消失，所以这种期权的实行具有排他性。根据分析转换权的特征，把它称为交换期权，交换期权的本质特点是：有两种基础资产，期权的买方有权在一定时间内，按照事先约定比例将一种资产转化为另外一种资产。

(3) 赎回权是发行人持有的股票看涨期权或者利率看跌期权多头。

赎回权是转债发行人的权利。在赎回期限内，当股价上涨，转债的转股价值增加；或者利率下跌，转债的债券价值上升。这两种情况下，发行人可以执行赎回权，以约定的较低债券价格买回市值较高的转债，发行人能够以更低的利率进行再融资。因此，赎回权是发行人持有的股票看涨期权或者利率看跌期权的多头。公司一旦发出赎回通知，转债投资者必须决定转股还是卖出债券，通常情况下，投资者会选择转股，因此，赎回条款最主要的功能是强制投资者行使转股权，从而加速转换，它又被称为加速转股条款。

(4) 回售权是投资者持有的股票看跌期权或者利率看涨期权多头。

回售权是投资者的权利。在回售期限内，当股票价格下跌，转债的转股价值下降；或者利率上涨，转债的债券价值下跌，这两种情况下，投资者可以执行回售权，以事先约定的回售价格将价值较低的转债卖回给发行人。投资者能够以更高的利率进行再投资。因此，回售权是投资者持有的股票看涨期权或者利率看涨期权多头。

(5) 三个期权的性质。

转换权、赎回权和回售权，这三种期权都有各自的时间期限，在期权起始日以前，转债内含的三种期权是欧式期权，在期权可执行期限内，转债内含的期权是美式期权。三种期权没有执行之前，转债同时含有三者的价值，一旦执行任何一种期权，转债的其他两种期权价值不复存在，因此，三种期权具有执行排他性和不执行共存性。

3.2 可转换公司债券的定价

根据转债条款和结构分析，债券价值是未来息票和本金现金流根据当时利率贴现到当前时刻之和。每支现金流对应时点的利率都是贴现价值的关键决定因素。由于内含三种期权与标的股票价格息息相关，因此，转债价格受到两个关键变量的影响：标的股价和利率。本章作为利率衍生品定价的应用研究之一，在前文深入研究利率期限结构的基础上，重点考察利率变量对利率衍生品价格影响。对股价行为研究不做深入，参照以往研究成果。

3.2.1 可转换公司债券定价理论研究的发展

Black 与 Scholes [120] (1973) 和 Merton (1973，1974) [121,122] 三篇关于期权和公司债券定价的学术论文成为金融衍生品定价的理论基础。Ingersoll (1977) [123,124]、Brennan 和 Schwartz (1977) 是最早专门研究转债定价问题的两篇论文。他们承袭 Black、Scholes 和 Merton 的思想，从公司价值遵循随机过程的角度为转债定价，这种定价体系称为结构法定价体系。结构法在实施中因为公司价值难以确定而遇到困难。其后，以 Mc Connell 和 Schwartz (1986) [125] 为代表，提出了转债定价以公司股价为标的变量的定价体系，被称为简化法定价体系。

3.2.1.1 结构法定价体系的发展

最初，Ingersoll (1977) 认为转债价值依赖于公司价值这一个变量。假设公司价值等于转债价值和公司股票市价之和，公司价值是一个普通扩散随机过程，根据无套利原理导出债券持有者的最优转换策略和发行人的最优赎回策略，假设股票不支付现金股利。因此，债券到期前执行转股权不是最优，这时的转股权成为欧式期权，将转债价格分解为纯债券价值和转股欧式期权价值，给出转债价格的解析解。后来又扩展到考虑赎回条件的转债定价中，将转债价格分解为纯债券价值加上转换权价值减去赎回权价值。Brennan 和 Schwartz（1977）[126]用类似方法，考虑赎回条款、息票利息和现金股利的情况下，用有限差分法求得转债价格。他们都没考虑利率变量对定价的影响。

Brennan 和 Schwartz（1980）[127]转债定价模型与他们1977年模型的不同之处是把利率的不确定性以及公司普通债券引入模型，这样公司价值由三部分组成，分别是公司普通债券、股票与可转债。其利率的波动模型采用 Brennan 和 Schwartz（1977）的利率模型，这个模型中的利率运动具有均值回复（mean-reverting）特征，这种假设与现实世界的情况比较吻合，但是此利率模型的缺点是与利率的初始期限结构不一致。Carayannopoulos（1996）[128]的转债定价模型类似于 Brennan 和 Schwartz（1980）模型，不同之处在于利率模型使用的是 CIR 模型，依然保持了利率均值回复的特点并且剔除了利率为负的可能，其参数估计也较容易，给出了转债价值满足的偏微分方程以及边界条件和终端条件。Nyborg（1996）[129]对 Brennan 和 Schwartz（1980）模型进行了扩展，考虑了有回售条款和浮动息票支付条件下的可转债的定价。

结构法定价体系使用公司价值作为解释变量的优点是更容易度量公司在陷入财务危机时的转债价值，缺点是公司价值及其波动率是不可以直接观察到的，并且公司价值的运动比较复杂，用模型难以准确地刻画。

3.2.1.2 简化法定价体系的发展

相对于公司的价值来说，公司的股价可以直接观察到，并且股票价格的运动过程也比较容易刻画，因此简化法定价体系以公司的股票价格运动作为解释变量。

最早利用公司股价对可转债进行定价的是 McConnell & Schwartz（1986），其假定利率期限结构是平坦的且为已知常数，可转债价值只依赖股票价格而且股票价格波动率是不变的常数，发行公司无破产风险。给出了可转债价值依赖于股价变动的偏微分方程，通过有限差分数值方法可求解。在高盛公司一篇研究报告（Goldman Sachs，1994）[130]中，作者利用股价运动的二叉树模型来计算可转债的理论价格。模型假设利率和股票波动率都是已知不变的常数，采用经过信用风险调整的贴现率，相对于 McConnell & Schwartz（1986）推进了一步。Tsiveriotis 和 Fernandes（1998）[131]在高盛模型 Goldman Sachs

(1994) 的基础上提出带有外生性的信用利差模型，但仍然忽略利率的随机波动对转债价格的影响。

Ho & Pfeffer (1996)[132] 提出了基于股价运动的转债定价双因素模型，其中利率波动模型采用 Ho &Lee (1986) 模型，使用二叉树来计算转债价格，对所有现金流使用风险利率进行贴现。Takahashi, A., Kobayashi, T., Nakagawa N. (2001)[133] 模型（简称 TKN 模型）创新之处是考虑了公司的违约风险，不足之处是没有考虑利率对可转债价值的影响。B-A., Giovanni, Ana Bermudez & John Hatgioannides 模型（GBH, 2003）[134] 认为转债影响因素为股价和公司债券的收益率，其主要假定是股票的收益与回报之间存在相关性。首先利用市场数据来拟合利率期限结构以及利率和股票价格的波动率参数；其次是运用特征法和允许时间和空间离散化的有限元法对可转债偏微分方程进行分析，它们与传统的数值方法，即有限差分法和网格法相比有着明显的优势，同时还允许股价与利率之间存在相关性。在设定理论模型的基础上，利用无套利原理推导出了可转债定价偏微分方程。

更进一步，Davis & Lischka (1999)[135] 提出了一个可转债定价三因素模型。他们认为可转债的价格波动取决于三个因素：利率、股价和违约风险。在这个模型中，利率随机波动模型使用拓展的 Vasicek 模型，从而不仅可以根据初始利率期限结构进行校准，而且具有均值回复的特征，较好地模拟了利率的运动走势。股价的随机波动模型中将违约风险补偿考虑进股价漂移率之中，更加符合现实情况。加入了对违约风险的度量，而不再认为信用风险利差是不变的常数，可以更加精确地对转债进行定价。

至此，转债定价理论的发展已经比较成熟，进一步的发展将是对一些技术上的难点进行解决，比如如何更好地模拟股价和利率的波动，如何度量违约风险，如何度量利率波动和股价波动的相关性以及数学上的数值算法的改进和参数估计方法的应用等。

3.2.1.3 国内转债定价的发展

国内转债定价发展大致经过三个阶段，定性描述阶段、单因素定价阶段、多因素定价阶段。最早的转债定价理论围绕转债定义和条款设计、相应法律法规的讨论、国外转债定价理论的引入和介绍。90 年代中后期，国内转债定价进入了单因素定价研究阶段，一系列应用 BS 模型为转债定价的研究文献相继发表，这些文章以公司价值或者股票价值作为影响因素，没有考虑利率随机波动和信用风险对债券价格的影响。近几年，随着国内学者对利率期限结构和信用风险的深入研究，推动了转债定价的新发展。郑小迎(2000)[136]在详细考察利率和股票价格行为特征的基础上，运用无套利原理推导出可转换债券的双因素定价模型。范辛亭（2002）[137]为转债定价，引入 Ho-Lee 利率期限结构，得到了一种离散时间条件下转债定价双因素模型。魏刚、刘孝红（2004）[138]用 CIR 利率模型为转债定价。李和金（2002）建立非参数利率期限结构模型并应用于转债定价中。郑振龙、林海（2004）[139]的转债定价建立在公司最优决策的基础之上。龚朴（2004）[140]用 Hull-White 随机利率模型建立了可转换债券的双因素定价方程和相应的边界条件，用有限元方法对该定价模型进行了数值求解，这些成果都为本书奠定了研究基础。然而，国内目前的研究状况与国际前沿水平还有一段距离，影响转债价格的更多因素还没有讨论充分。更重要的是，国内的转债定价，无论是理论还是实证，都要着眼于中国转债市场和相关证券市场的实际情况，政策法规、条款设计与国外有着许多不同之处。因此，国内学者应该以国际前沿研究作为指导，按照中国市场特点进行转债定价研究。

3.2.2 可转换公司债券定价模型

3.2.2.1 转债定价模型的偏微分方程法

本书在前人的研究基础上建立可转债定价双因素模型。目前国内转债基本不存在违约风险，考虑标的股票价格和短期利率对转债价格的影响。

(1) 回顾 Itô 定理

假设变量 x 遵循 Itô 过程：

$$dx = a(x,t)\,dt + b(x,t)\,dz \tag{3-2}$$

其中，dz 是一个维纳过程，a 与 b 是 x 和 t 的函数。变量 x 的漂移率为 a，方差率为 b^2，x 和 t 的函数 G 遵循如下过程：

$$dG = \left(\frac{\partial G}{\partial x}a + \frac{\partial G}{\partial t} + \frac{1}{2}\frac{\partial^2 G}{\partial x^2}b^2\right)dt + \frac{\partial G}{\partial x}b\,dz \tag{3-3}$$

(2) Itô 定理的一般表示

假设函数 f 依赖于 n 个变量 x_1，x_2，…，x_n和时间 t，进一步假设 x_i遵循 Itô 过程，其瞬态漂移率为 a_i和瞬态波动率为 b_i^2（$1 \leqslant i \leqslant n$），即：

$$dx_i = a_i dt + b_i dz_i \tag{3-4}$$

dz_i是维纳过程。每个 a_i和 b_i可以是所有 x_i和 t 的任意函数。它的离散形式：$\Delta x_i = a_i \Delta t + b_i \varepsilon_i \sqrt{\Delta t}$，其中 ε_i是来自标准正态分布中的随机样本。dz_i和 dz_j之间的相关系数 ρ_{ij}定义为 ε_i和 ε_j之间的相关系数：

$$\begin{aligned} &\lim_{\Delta t \to 0} \Delta x_i^2 = b_i^2 dt, \\ &\lim_{\Delta t \to 0} \Delta x_i \Delta x_j = b_i b_j \rho_{ij} dt \end{aligned} \tag{3-5}$$

函数 f 的二阶泰勒展开式：

$$\begin{aligned} \Delta f = & \sum_i \frac{\partial f}{\partial x_i} \Delta x_i + \frac{\partial f}{\partial t} \Delta t + \frac{1}{2} \sum_i \sum_j \frac{\partial^2 f}{\partial x_i \partial x_j} \Delta x_i \Delta x_j + \\ & \frac{1}{2} \sum_i \frac{\partial^2 f}{\partial x_i \partial t} \Delta x_i \Delta t + \cdots \end{aligned} \tag{3-6}$$

当 $\Delta t \to 0$ 时，Δf 展开式的前三项是一阶 Δt，其他项是高阶 Δt，因此：

$$df = \sum_i \frac{\partial f}{\partial x_i} dx_i + \frac{\partial f}{\partial t} dt + \frac{1}{2} \sum_i \sum_j \frac{\partial^2 f}{\partial x_i \partial x_j} b_i b_j \rho_{ij} dt \tag{3-7}$$

（3-4）代入（3-7）得到：

$$\begin{aligned} df = & \left(\sum_i \frac{\partial f}{\partial x_i} a_i + \frac{\partial f}{\partial t} + \frac{1}{2} \sum_i \sum_j \frac{\partial^2 f}{\partial x_i \partial x_j} b_i b_j \rho_{ij} \right) dt + \\ & \sum_i \frac{\partial f}{\partial x_i} b_i dz_i \end{aligned} \tag{3-8}$$

（3）推导可转换债券价格满足的微分方程

可转换债券价格 f 依赖于标的股价 S 和利率 r。本书对股价运动不做深入研究，假设股价服从几何布朗运动，

$$dS = \mu_s S dt + \sigma_s S dZ_s \tag{3-9}$$

（3-9）中 μ_s为股票预期收益率，σ_s是股票价格波动率，两者都假设为常数。利率模型选用第二章的仿射 SVJ - SD 模型：

$$\begin{aligned} &dr_t = k_1 (u_t - \mu_J \lambda / k_1 - r_t) dt + \sqrt{V_t} dW_{1,t} + J_t dQ_t, \gamma \geqslant 0, \\ &dV_t = k_2 (a - V_t) dt + \eta_1 \sqrt{V_t} dW_{2,t}, \\ &du_t = k_3 (\rho - u_t) dt + \eta_2 \sqrt{u_t} dW_{3,t} \end{aligned} \tag{3-10}$$

利率模型参数解释同第二章。根据 Duffie&Kan（1996）对仿射类期限结构为债券定价的一般框架，得到 SVJ - SD 模型零息债券价格显式表达式：

$$
\begin{aligned}
&P(r_t, V_t, \mu_t, t, T) = \exp\{A(t) + B_1(t)r_t + B_2(t)V_t + B_3(t)\mu_t\},\\
&B_1(t) = \frac{e^{-k_1(T-t)} - 1}{k_1},\\
&\frac{\partial B_2(t)}{\partial t} = B_1(t) + (k_2 + \eta_1^2)B_2(t) - \frac{1}{2}B_1(t)^2 - \frac{1}{2}\eta_1^2 B_2(t)^2,\\
&\frac{\partial B_3(t)}{\partial t} = -k_1 B_1(t) + (k_3 + \eta_2^2)B_3(t) - \frac{1}{2}\eta_2^2 B_3(t)^2,\\
&\frac{\partial A(t)}{\partial t} = \mu_J \lambda B_1(t) - k_2 \alpha B_2(t) - k_3 \rho B_3(t) - \lambda \exp\\
&\qquad \left[B_1(t)\mu_J + \frac{1}{2}B_1(t)^2 \sigma_J^2\right] + \lambda
\end{aligned}
\tag{3-11}
$$

连续复利即期利率 $R(t) = \frac{\ln P_t - \ln P_{t-\Delta t}}{\Delta t}$，$r_f$表示瞬态无风险利率。股票运动的维纳增量与随机利率的维纳增量相关，$E[dz_S, dz_R] = \rho_{SR}$，$-1 \leqslant \rho \leqslant 1$。

既然转债所依赖的变量遵循扩散过程，那么 f 也遵循扩散过程：

$$df = \mu_f f dt + \sigma_f f dz_f \tag{3-12}$$

（3－12）中

$$\mu_f f = \frac{\partial f}{\partial t} + \frac{\partial f}{\partial S}\mu_S S + \frac{\partial f}{\partial R}\mu_R R + \frac{1}{2}\left(\sigma_S^2 S^2 \frac{\partial^2 f}{\partial S^2} + \sigma_R^2 R^2 \frac{\partial^2 f}{\partial R^2} + 2\rho_{SR}\sigma_S \sigma_R SR \frac{\partial^2 f}{\partial S \partial R}\right) \tag{3-13}$$

$$\sigma_f f = \sigma_{Sf} f + \sigma_{Rf} f = \frac{\partial f}{\partial S}\sigma_S S + \frac{\partial f}{\partial R}\sigma_R R \tag{3-14}$$

μ_f是 f 的瞬态平均收益率，σ_{Sf}和 σ_{Rf}是影响 f 瞬态标准差的分量。

假设市场上有 n 只可转换债券，构造一个瞬态无风险证券组合，定义 k_j 为证券组合中第 j 只转债的数量比例，因此：

$$\prod = \sum_j k_j f_j \tag{3-15}$$

应该选择 k_j消除证券组合收益率中的随机分量，即达到：

$$\sum_j k_j \sigma_{fj} f_j = 0 \tag{3-16}$$

组合收益：

$$d\prod = \sum_j k_j \mu_{fj} f_j dt \tag{3-17}$$

建立组合的成本是 $\sum_j k_j f_j$，如果不存在套利机会，该证券组合的收益一定是无风险利率，因此：

$$\sum_j k_j \mu_{fj} f_j = r_f \sum_j k_j f_j \qquad (3-18)$$

即 $\sum_j k_j f_j(\mu_j - r_f) = 0$。

(3－16) 和 (3－18) 可以看作包含 k_j 的 $n+1$ 个齐次线性方程组，(3－16) 与 (3－18) 相一致的条件是：

$$f_i(\mu_j - r_f) = \lambda_S \sigma_S f_j + \lambda_R \sigma_R f_j \qquad (3-19)$$

(3－19) 中 λ_S 和 λ_R 是线性组合系数，依赖于 f_j 的状态变量和时间，它们的经济学解释是股票和利率的市场风险价格。(3－13)、(3－14) 代入 (3－19) 得到：

$$\begin{aligned}&\frac{\partial f_j}{\partial t} + \frac{\partial f_j}{\partial S_j}\mu_{S_j} S_j + \frac{\partial f_j}{\partial R}\mu_R R + \\ &\frac{1}{2}\left(\sigma_{S_j}^2 S_j^2 \frac{\partial^2 f_j}{\partial S_j^2} + \sigma_R^2 R^2 \frac{\partial^2 f_j}{\partial R^2} + 2\rho_{S_jR}\sigma_{S_j}\sigma_R S_j R \frac{\partial^2 f_j}{\partial S_j \partial R}\right) - r_f f_j \\ &= \lambda_{S_j} \frac{\partial f_j}{\partial S_j}\sigma_{S_j} S_j + \lambda_R \frac{\partial f_j}{\partial R}\sigma_R R\end{aligned} \qquad (3-20)$$

化简得到：

$$\begin{aligned}&\frac{\partial f_j}{\partial t} + \frac{\partial f_j}{\partial S_j}(\mu_{S_j} - \lambda_{S_j}\sigma_{S_j}) S_j + \frac{\partial f_j}{\partial R}(\mu_R - \lambda_R \sigma_R) R + \\ &\frac{1}{2}\left(\sigma_{S_j}^2 S_j^2 \frac{\partial^2 f_j}{\partial S_j^2} + \sigma_R^2 R^2 \frac{\partial^2 f_j}{\partial R^2} + 2\rho_{S_jR}\sigma_{S_j}\sigma_R S_j R \frac{\partial^2 f_j}{\partial S_j \partial R}\right) = r_f f_j\end{aligned} \qquad (3-21)$$

去掉 f 的下标，得到结论，价格依赖于状态变量股价 S 和利率 R 以及时间 t 的可转债价格满足如下二阶微分方程：

$$\begin{aligned}&\frac{\partial f}{\partial t} + \frac{\partial f}{\partial S}(\mu_S - \lambda_S \sigma_S) S + \frac{\partial f}{\partial R}(\mu_R - \lambda_R \sigma_R) R + \\ &\frac{1}{2}\left(\sigma_S^2 S^2 \frac{\partial^2 f}{\partial S^2} + \sigma_R^2 R^2 \frac{\partial^2 f}{\partial R^2} + 2\rho_{SR}\sigma_S \sigma_R S R \frac{\partial^2 f}{\partial S \partial R}\right) = r_f f\end{aligned} \qquad (3-22)$$

如果令 μ_R 和 σ_R 为零，$\mu_S - \lambda_S \sigma_S = r_f$，则方程 (3－22) 变为 Black-Scholes 微分方程：

$$\frac{\partial f}{\partial t} + \frac{\partial f}{\partial S} r_f S + \frac{1}{2}\sigma_S^2 S^2 \frac{\partial^2 f}{\partial S^2} = r_f f \qquad (3-23)$$

这说明应用 Black-Scholes 模型为转债定价属于利率为常数条件下的一个特例。

（4）讨论转债价格微分方程的边界条件

设可转债面值为 F_0，F 表示纯债券价值，转股比例为 k，回售价格 D，赎回价格 H，公司现有 N 股股票，转债价格满足如下边界条件：

$$t=T \text{ 时}，\quad f(S,R,t)=\max[\min(F,H),D,kS]$$

对于平价发行转债，$t=0$ 时，$f(S,R,t)=F_0$；

$S\to 0$ 时，$f(S,R,t)\geqslant \max(F,D)$；

$S\to +\infty$ 时，$f(S,R,t)\leqslant \max(H,kS)$；

$R\to +\infty$ 时，$\lim\limits_{R\to\infty} f(S,R,t)=0$。

3.2.2.2 转债定价的二叉树方法

树图方法与偏微分方程法区别在于，树图是离散方法，模拟随机变量走势。二叉树图假设随机变量的运动是由大量的小幅度二值运动构成，以此来模拟变量在整个时期内的运动。为转债定价的二叉树图方法基本思路如下：首先，根据利率期限结构模型，建立利率树图，根据不同节点利率贴现纯债券价值现金流，计算债券价值。其次，根据股票运动过程，建立时间分步一致的股票树图。最后，分析树图每个节点的期权价值，纯债券价值和股票价值，根据利率树图和股价树图结合的二维树图从最后节点倒推贴现，得到转债价值。本书建立树图都是重合节点的树图。

（1）利率树图的建立方法

利率树图建立在利率期限结构模型基础之上。从根本上说，有两种构造利率树图的方法。

一是先确定树图上行和下行分支概率，再由市场债券价格等反映期限结构的条件，确定上行和下行分支的利率。布鲁斯．塔克曼在“固定收益证券”一书的“期限结构模型的艺术”章节中构建利率树图就是按照这种方法。例如构建 Ho－Lee 模型的利率二叉树图，首先假定利率上行和下行分支概率都是 0.5，假设 r 代表当时的短期利率，τ 是以“年”表示的时间阶段长度，短期利率在一年内变动 N 次，$\tau=1/N$。经过一个时间步长后，利率树图发展为图 3－1。

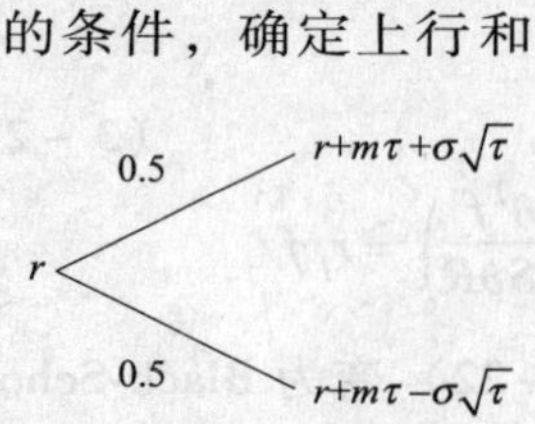

图 3－1 Ho－Lee 模型利率二叉树图建立方法

新的短期利率是前一期短期利率加上某个常数乘以时间步长 $m\tau$，再加上或减去另一个常数乘以时间步长的平方根 $\sigma\sqrt{\tau}$。不论上行还是下行，利率都加上 $m\tau$，这一部分表示利率的趋势变化，是期限结构模型的漂移项；而上行加上 $\sigma\sqrt{\tau}$、下行减去 $\sigma\sqrt{\tau}$，这部分表示利率的波动状况，是期限结构模型中的波动项。选择时间步长 τ，确定参数 m、σ，就可以建立完整的利率树图。参数要由市场债券价格等反映期限结构的条件来确定或者估计，比如，波动项参数 σ 可以由利率波动率的某种看法、历史资料或某种隐含的方法来设定。确保定价模型具有无套利的性质，参数必须能够使市场债券的定价等于其市场价格。

二是先确定利率上行和下行的具体数值，再由市场期限结构等条件决定上行和下行概率。约翰·赫尔在《期权、期货和其他衍生产品》书中介绍了构造 Hull－White 模型利率三叉树图的这种方法。分成两步，首先在不考虑漂移的情况下，构造一个对 $r=0$ 对称的辅助树图，辅助树图所有节点在时间上等分 T，在同一时点等分利率 r，假设利率步长 $\Delta r=\sigma\sqrt{3\Delta t}$，定义 (i,j) 为 $t=i\Delta t$ 和 $r=j\Delta r$ 的节点，定义 p_u、p_m、p_d 为从节点发射出来的上行、居中、下降分支的概率。确定这些概率以满足下一个时间间隔 Δt 内 r 的预期变化及变化的方差，还有一个条件是概率之和为1。构建方程组：

$$
\begin{aligned}
&p_u\Delta r-p_d\Delta r=E(\Delta r),\\
&p_u\Delta r^2+p_d\Delta r^2=\sigma^2\Delta t+E^2(\Delta r),\\
&p_u+p_m+p_d=1
\end{aligned}
\qquad (3-24)
$$

求出分支概率 p_u、p_m、p_d，在辅助树图的基础上加上漂移项，根据市场价格确定未知参数，得到最终的利率树图。

如果按照第一种方法，结合本书建立的 SVJ－SD 利率模型构建利率二叉树图。首先确定上行和下行概率都是0.5，那么，上行分支利率是前期节点利率加上漂移，加上波动项，加上跳跃项。下行分支利率是前期节点利率加上漂移，减去波动项，加上跳跃项。分析 SVJ－SD 模型的特点，漂移时变，波动时变，跳跃时变。跳跃本身包含好坏消息对利率的影响，是对波动项无法捕捉的极端行为的描述，因此上行和下行都加上跳跃即可。漂移与波动时变使得利率树图节点不重合，这是一个难以处理的情况，因为随着步数增加，不重合节点树图以2的指数幂增加节点，最后树图节点过多，连计算机也无法处理。本书做以下简化处理：当时间步数很大时，利率本身变化地非常微小，上行和下行不重合的节点计算方式取其中一种，不会产生严重影响，得以构造重合节点的利率树图。

（2）股票树图的建立方法

根据 Cox、Ross 和 Rubinstein（1979）[141] 方法建立二叉树图，假设股票当前价格为 S，按照与利率树图一致的时间分步，从当前 0 时刻根节点分别以概率 p 和 $1-p$ 随机运动到 Δt 时刻的上升价格 Su 和下降价格 Sd。设 $u>1$，$d<1$，到 $2\Delta t$ 时刻，股票价格有 Su^2，Sud 和 Sd^2 三种可能。依此类推，当时间为 $i\Delta t$ 时，股票有 $i+1$ 种可能，即 $Su^j d^{i-j}$，$j=0, 1, \cdots, i$。从股票价格波动率 σ_s 可以确定 u、d 和概率 p：

$$u = e^{\sigma_s\sqrt{\Delta t}},$$
$$d = e^{-\sigma_s\sqrt{\Delta t}},$$
$$p = \frac{e^{r_f\Delta t} - d}{u - d} \tag{3-25}$$

建立股票树图形如图 3-2：

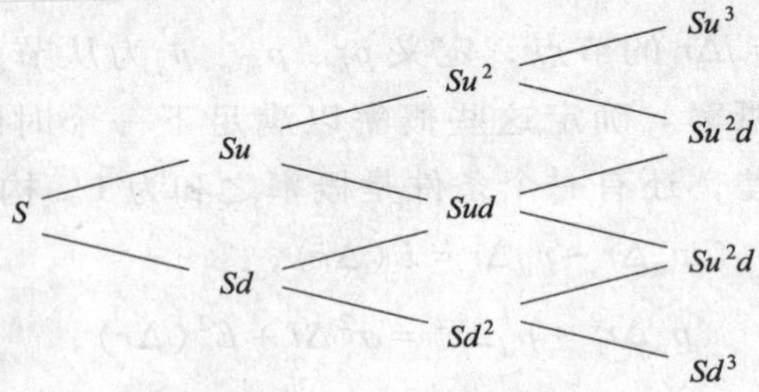

图 3-2 股票价格二叉树图

（3）树图节点转债价值分析

首先明确一些变量的符号表示：股票价格 S，转债面值 F，i 时刻息票 cp_i，$i=1, 2, \cdots, N$，转股价格 S_c，转换比例 $k=F/S_c$，回售价格 D，赎回价格 H，无风险利率 r_f，纯债券价值 $P = \sum_{i=1}^{N} \frac{cp_i}{1+r_i} + \frac{F}{1+r_N}$，树图 (i, j) 节点转债价值 $f_{i,j}$。

为转债定价，有些学者认为转债价格等于纯债券价格与三个期权价值的简单相加，这种做法忽略了三种期权的执行排他性，一旦执行一种期权，转债的其他两种期权价值不存在。因此，对转债定价的每个时点，都要把三种期权和纯债券价值作为一个整体考虑。

在允许转换的那些节点上，要检验转换是不是最优的；在允许赎回、回售的那些节点上，要检验赎回是不是能够改善发行者的状态，回售能否更好地保护投资者的利益。因此，根据最优转换策略、最优赎回策略和最优回售策略，以及三种期权期限，可确定不同类节点的转债价值的下列五种情况：

（3.1）树图的最后节点上，可转换债券的价值可以根据持有者在那时所拥有的任何转换权计算得到：

$$f_{i,j} = \max[Su^j d^{N-j}k, F + cp_N] \tag{3-26}$$

（3.2）若在（i，j）节点上，可转换债券既不可被赎回也不可回售，即投资者或持有或将其转换为公司股票：

$$f_{i,j} = \max\{Su^j d^{i-j}k, e^{-r_{i,j}\Delta t}[pf_{i+1,j+1} + (1-p)f_{i+1,j}]\} \tag{3-27}$$

（3.3）若在（i，j）节点上，可转换债券可以回售给发行人，那么投资者具有持有、回售和转换三种权利，则：

$$f_{i,j} = \max\{Su^j d^{i-j}k, D + cp_i, e^{-r_{i,j}\Delta t}[pf_{i+1,j+1} + (1-p)f_{i+1,j}]\} \tag{3-28}$$

（3.4）若在（i，j）节点上，可转换债券既可被赎回，也可回售，那么投资者或者持有或者将其转换为公司股票或者回售或者接受赎回：

$$f_{i,j} = \max\{Su^j d^{i-j}k, D + cp_i, \min[H + cp_i, e^{-r_{i,j}\Delta t}(pf_{i+1,j+1} + (1-p)f_{i+1,j})]\} \tag{3-29}$$

（3.5）若在（i，j）节点上，投资者只能持有可转换债券，那么有：

$$f_{i,j} = e^{-r_{i,j}\Delta t}[pf_{i+1,j+1} + (1-p)f_{i+1,j}] \tag{3-30}$$

这样通过计算各节点的值，从 $t = T$ 倒推可得到 $t = 0$ 时刻可转换债券的价值。

3.3 可转换公司债券定价实证研究

3.3.1 样本选择与基本条款

本书选取招行转债作为研究对象，用二叉树图方法为招行转债进行定价。招行转债的基本条款[142]如下表：

表 3－1　　招行转债基本条款

基本条款	发行总额	人民币 65 亿元
	票面金额	100 元
	期限	5 年：2004. 11. 10 ~ 2009. 11. 10
	票息率	年利率第一年为 1. 0%、第二年为 1. 375%、第三年为 1. 75%、第四年为 2. 125%、第五年为 2. 5%。期满后的 5 个工作日内，发行人对到期未转股的转债还本付息。除按 2. 5% 的利率支付第五年利息外，还将补偿支付到期未转股的转债持有人相当于债券票面面值 6% 的利息
	付息日期	起始日为 2004 年 11 月 10 日，利息每年支付一次，付息日期为 2005 年到 2009 年每年的 11 月 10 日
转换条款	转股期限	转债发行之日起 6 个月起至转债到期日止：2004. 05. 10 ~ 2009. 11. 10
	初始转股价格	9. 34 元/股＝公布募集说明书前 30 个交易日股票收盘价格的算术平均值 9. 067 元/股 ×（1＋3%）
	转股价格调整依据	送股或转增股本：$S_{c1}=S_{c0}/(1+n)$ 增发新股或配股：$S_{c1}=(S_{c0}+A\eta)/(1+\eta)$ 两项同时进行：$S_{c1}=(S_{c0}+A\eta)/(1+\eta+n)$ S_{c0} 为初始转股价，n 为送股或转增股本率，η 为增发新股或配股率，A 为增发新股价或配股价，S_{c1} 为调整后转股价
	转股价格修正条款	发行后前三年内，不对转股价格进行修正。在第四、第五年期间，当招商银行 A 股股票在任意连续 30 个交易日中至少 20 个交易日的收盘价低于当期转股价格的 80% 时，招行董事会有权在不超过 20% 的幅度内向下修正转股价格。修正幅度为 20% 以上时，由董事会提议，股东大会通过后实施，修正后的转股价格不低于修正前 20 个交易日股票收盘价格的算术平均值。董事会此项权利的行使在 12 个月内不得超过一次

续表

赎回条款	赎回条件	招行股票收盘价连续 20 个交易日高于当期转股价格 125%
	赎回期限	债券发行之日起 6 个月后至债券存续期满
	赎回价格	面值 103%（含当年利息）
回售条款	回售条件	招行股票收盘价连续 20 个交易日低于当期转股价格的 75%
	回售价格	面值的 108.5%（含当年利息）
	回售期限	转债到期日前一年内：2008.11.10 ~ 2009.11.10

上证交易所自挂牌以来，招行转债价格与招行股票每日收盘价①走势比较绘制如图 3－3：

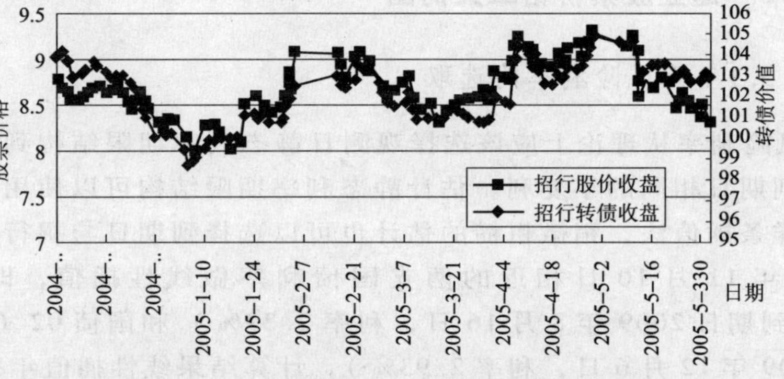

图 3－3　招行股票价格与招行转债价格趋势图

3.3.2　建立利率二叉树图

根据 SVJ－SD 模型建立月利率二叉树图，2005 年 5 月 10 日至 2009 年 11 月 10 日，时间步长一个月，共 55 步，前 7 个步骤列于下图：

① 数据来源于分析家软件招商银行股票价格（代码 SH600036）和招行转债（代码 SH600010）

日期	05 – 5 – 10	05 – 6 – 10	05 – 7 – 10	05 – 8 – 10	05 – 9 – 10	05 – 10 – 10	05 – 11 – 10
利率	0. 149 877 9	0. 152 900 602	0. 158 005 673	0. 161 95	0. 166 165	0. 167 877 7	0. 174 804 1
		0. 148 884 283	0. 153 989 355	0. 157 933	0. 162 149	0. 163 861 4	0. 170 787 8
			0. 148 101 231	0. 152 045	0. 156 26	0. 157 973 3	0. 164 899 7
				0. 146 227	0. 150 442	0. 152 155 3	0. 159 081 7
					0. 144 284	0. 145 997 2	0. 152 923 5
						0. 140 820 8	0. 147 747 2
							0. 140 691 2

图 3 – 4 根据 SVJ – SD 模型建立的月利率二叉树图（前七步）

3. 3. 3 建立股票价格二叉树图

3. 3. 3. 1 无风险利率的选取

无风险利率从理论上应该选择观测日静态利率期限结构到期日与定价对象到期日相同的年复利。估计静态利率期限结构可以使用多项式拟合或者样条插值法，稍微粗糙的估计也可以选择到期日与招行转债到期日 2009 年 11 月 10 日相近的两支国债利率做线性插值，即国债 02（10）（到期日 2009 年 8 月 16 日，利率 2. 39%）和国债 02（15）（到期日 2009 年 12 月 6 日，利率 2. 93%），计算结果线性插值年率 2. 8%，转换为连续复利为 2. 762%。

3. 3. 3. 2 股票价格波动率的计算

从历史数据估计招行股票价格波动率，2004 年 1 月 2 日到 2005 年 5 月 10 日，共 320 个收盘价日数据，期间 2004 年 11 月 29 日招行转债上市，这个时间段公司有发放现金股利和增发配股送股，数据经过向后复权处理。

Si 表示第 i 天股票价格，$i = 1, 2, \cdots, N$；$N = 320$。股价对数收益率 $\mu_i = \ln(S_i / S_{i-1})$，$\mu_i$ 的均值为 $\bar{\mu}$，股价日波动率 $\sigma_d = \sqrt{\frac{1}{N-1}\sum_{i=1}^{N}(\mu_i - \bar{\mu})^2}$，

月波动率 $\sigma_m = \sigma_d \sqrt{20}$，每月以20个交易日计算。经计算，招行股票价格月波动率为0.070 007。

3.3.3.3 股票树图概率计算

根据公式（3－25）计算，股价上升的比例 $u=1.072\ 516$，股价下降的比例 $d=0.932\ 387$，风险中性概率 $p=0.498\ 95$。图3－5为股价波动二叉树的前7个步骤：

日期	05－5－10	05－6－10	05－7－10	05－8－10	05－9－10	05－10－10	05－11－10
股价	9.24	9.910 045	10.628 68	11.399 42	12.226 06	13.112 64	14.063 515 43
		8.615 259	9.24	9.910 045	10.628 68	11.399 42	12.226 061 79
			8.032 758	8.615 259	9.24	9.910 045	10.628 678 7
				7.489 641	8.032 758	8.615 259	9.24
					6.983 246	7.489 641	8.032 757 636
						6.511 09	6.983 246 237
							6.070 857 634

图3－5 招行股价波动二叉树图（前七步）

3.3.4 招行转债价格计算

在2005年5月10日这个时点，用几何布朗运动拟合招行股票价格运动，用SVJ－SD模型拟合短期利率走势，分别建立二叉树图，对树图每个节点计算转债价值，根据本书3.2.2.2节二叉树节点转债价值分析，从最后节点倒推，计算得到招行转债价值。

有关键一点需要说明，用于贴现债券价值的贴现率树图与股票树图相结合的时候，股票树图上行下行节点与利率树图上行下行节点结合分成多种情况。鉴于月树图的工作量大，本书分别用月树图和半年树图为转债定价。用月树图时，贴现率选择动态利率期限结构，同一时间步骤的贴现率相同。用半年树图时，贴现率直接用利率树图，分别按照股票路径和利率树图结合情况定价。

(1) 月树图定价

同一时间步骤贴现率的计算方法如下：求月树图同一时间步骤各个节点利率的期望值，每个节点利率概率等于到达本节点的所有前步节点概率乘以0.5求和，最初根节点概率为 $p_0=1$。例如：令 $i=0，1，2，\cdots$ 表示时间步骤；$j=0，1，2\cdots，i$ 表示第 i 步时间的第 j 个节点（从下数 $j=0$）。

$$\text{第二步动态利率}=p_{1,1}r_{1,1}+p_{1,0}r_{1,0}=\frac{1}{2}p_0\ (r_{1,1}+r_{1,0})$$

$$\begin{aligned}\text{第三步动态利率}&=p_{2,2}r_{2,2}+p_{2,1}r_{2,1}+p_{2,0}r_{2,0}\\&=\frac{1}{2}p_{1,1}r_{2,2}+\left(\frac{1}{2}p_{1,1}+\frac{1}{2}p_{1,0}\right)r_{2,1}+\frac{1}{2}p_{1,0}r_{2,0}\\&=\frac{1}{4}r_{2,2}+\frac{1}{2}r_{2,1}+\frac{1}{4}r_{2,0}\end{aligned}$$

$$\begin{aligned}\text{第四步动态利率}&=p_{3,3}r_{3,3}+p_{3,2}r_{3,2}+p_{3,1}r_{3,1}+p_{3,0}r_{3,0}\\&=\frac{1}{2}p_{2,2}r_{3,3}+\left(\frac{1}{2}p_{2,2}+\frac{1}{2}p_{2,1}\right)r_{3,2}+\\&\quad\left(\frac{1}{2}p_{2,1}+\frac{1}{2}p_{2,0}\right)r_{3,1}+\frac{1}{2}p_{2,0}r_{3,0}\\&=\frac{1}{8}r_{3,3}+\frac{3}{8}r_{3,2}+\frac{3}{8}r_{3,1}+\frac{1}{8}r_{3,0}\end{aligned}$$

依此类推。

表 3-2　　动态月利率（前21步）

时间步	05-5-10	05-6-10	05-7-10	05-8-10	05-9-10	05-10-10	05-11-10
动态月利率	0.149 877 9	0.150 892 4	0.153 521 4	0.154 764 2	0.156 148 5	0.154 168 6	0.158 995 1
时间步	05-12-10	06-1-10	06-2-10	06-3-10	06-4-10	06-5-10	06-6-10
动态月利率	0.159 196 4	0.161 189 4	0.162 650 5	0.163 072 9	0.164 583	0.165 798	0.166 076
时间步	06-7-10	06-8-10	06-9-10	06-10-10	06-11-10	06-12-10	07-1-10
动态月利率	0.165 384 22	0.169 124	0.168 026	0.168 205	0.168 102 9	0.167 859 6	0.167 848 5

日期	05－5－10	05－6－10	05－7－10	05－8－10	05－9－10	05－10－10	05－11－10
股价 s	9.24	9.910 045	10.628 68	11.399 42	12.226 06	13.112 64	14.063 515 43
利率 r	0.149 878	0.150 892	0.153 521	0.154 764	0.156 148	0.154 169	0.158 995 109
债券 f	104.077 6	106.103 3	113.797 4	122.049 5	130.9	140.392 3	150.572 970 3
	股价 s	8.615 259	9.24	9.910 045	10.628 68	11.399 42	12.226 061 79
	利率 r	0.150 892	0.153 521	0.154 764	0.156 148	0.154 169	0.158 995 109
	债券 f	102.258 8	103	106.103 3	113.797 4	122.049 5	130.900 019 2
		股价 s	8.032 758	8.615 259	9.24	9.910 045	10.628 678 7
		利率 r	0.153 521	0.154 764	0.156 148	0.154 169	0.158 995 109
		债券 f	101.828 9	102.373 6	103	106.103 3	113.797 416 5
			股价 s	7.489 641	8.032 758	8.615 259	9.24
			利率 r	0.154 764	0.156 148	0.154 169	0.158 995 109
			债券 f	101.598 8	102.066 2	102.559 8	103
				股价 s	6.983 246	7.489 641	8.032 757 636
				利率 r	0.156 148	0.154 169	0.158 995 109
				债券 f	101.447 5	101.893	102.437 252 5
					股价 s	6.511 09	6.983 246 237
					利率 r	0.154 169	0.158 995 109
					债券 f	101.320 3	101.664 717 2
						股价 s	6.070 857 634
						利率 r	0.158 995 109
						债券 f	101.289 235 8

图 3－6　招行转债定价月树图（前七步）

（2）半年树图定价

股票树图和利率树图结合为转债定价，那么每个股票节点都对应不同的利率节点，组成多种结合情况。如果使用股票的每条路径与利率树图分别结合一次，最后计算每次路径所得债券价格的期望，那样的计算量非常大。可以从股票节点最后一步倒推计算，每个股票节点对应计算一个转债价值，每个节点只受后面两个节点影响，因此，每步求一次转债价值期望，直到根节点为止，得到转债价值为 109.846 元。

日期	05-5-10	05-11-10	06-5-10	06-11-10	07-5-10	07-11-10	08-5-10	08-11-10	09-5-10	09-11-10
股价	9.24	11.190 2	13.552 1	16.412 4	19.876 48	24.071 68	29.152 3	35.305 3	42.757	51.781 4
债价	109.846	119.809 7	145.097 1	175.721 8	212.810 3	257.726 8	312.123 5	378.001 3	457.783 6	554.405
	股价	7.629 66	9.24	11.190 2	13.552 07	16.412 42	19.876 5	24.071 7	29.152 3	35.305 3
	·债价	102.276	103	119.809 7	145.097 1	175.72	212.81	257.726 8	312.123 5	378.001 3
		股价	6.299 97	7.629 66	9.24	11.190 23	13.552 1	16.412 4	19.876 5	24.071 7
		债价	101.512 8	102.77	103	119.809 7	145.097 1	175.72	212.81	257.726 8
			股价	5.202 01	6.299 966	7.629 658	9.24	11.190 2	13.552 1	16.412 4
			债价	102.288 4	101.938 7	103	103	119.809 7	145.097 1	175.721 8
				股价	4.295 408	5.202 011	6.299 97	7.629 66	9.24	11.190 2
				债价	101.938 7	103	103	108.5	108.5	119.809 7
					股价	3.546 807	4.295 41	5.202 01	6.299 97	7.629 66
					债价	103	103	108.5	108.5	108.5
						股价	2.928 67	3.546 81	4.295 41	5.202 01
						债价	103	108.5	108.5	108.5
							股价	2.418 26	2.928 67	3.546 81
							债价	108.5	108.5	108.5
								股价	1.996 81	2.418 26
								债价	108.5	108.5
									股价	1.648 81
									债价	108.5

图 3-7　招行转债定价半年树图

2005 年 5 月 10 日招行转债实际收盘价是 104.74 元，月树图估计结果 104.08 元，半年树图估计结果 109.85 元，月树图因为时间步长短，因此结果更加精确。模型估计的转债价格与市场价格之间差异的原因分析如下：(1) 几何布朗运动未必能够正确反映招行股价运动趋势，股票树图受初始节点股价的影响。(2) 股价波动率按照历史数据求得，虽然历史数据经过向后复权处理，但波动率仍然估计不准。(3) 未考虑从 2005 年 5 月 10 日以后的股利发放和转增配股送股对转股价格调整的影响。(4) 招行转债条款规定的赎回和回售条件是连续 20 日股票价格计算满足一定条件，才可以行使权力，但是本书时间步长选择月或者半年，对股票价格没有进行日模拟，按照月价格判断执行期权的条件是粗略的计算，也是产生差异的重要因素之一。

3.3.5 对招行转债的前景分析

（1）票息率缺乏优势

根据转债条款，招商银行此次发行的转债为5年期，票面利率第一年为1.0%、第二年为1.375%、第三年为1.75%、第四年为2.125%、第五年为2.5%。在可转债存续期满之后的5个工作日内，发行人对到期未转股的可转债还本付息。除按2.5%的利率支付第五年利息外，还将补偿支付到期未转股的可转债持有人相当于债券票面金额6%的利息。初始转股价格为9.34元/股。在股价连续下跌，央行加息的双重影响下，这样的条款吸引力不大，因此在发行力度上必须加强。

从初始转股价格看，9.34元/股的价格已经比目前二级市场的市价还高，这样，以同样的投资买招商银行股票，现在直接从二级市场买比买了转债等到明年5月份转股还划算。

（2）尚有转股可能

招行转债的发行条款并不优厚。首先，招行转债利息率水平一般；其次，股票派息并不调整转股价，使得转债持有人无法变相享受公司现金分红；第三，转股价的修正条款非常苛刻，公司规定前三年不修正转股价，这是目前为止所有转债中唯一具有类似条款的可转债。按照有关条款，投资招行转债，几乎只能寄希望于股价的上涨。

招行股票质地优良，稳健性和成长性十分突出，最近两年的净利润增长率分别为28.6%、41%。今年一季度，净利润同比增长30.2%，每股收益0.154元，预计全年每股收益在0.6元左右，动态市盈率15倍左右，估值已相当合理，未来公司盈利保持20%～30%是可以期待的。

招商银行分别在2003年和2004年发放现金股利并增发配股，使得股票价格两次走低。不过经过复权之后，总的趋势来看，招行股票还是走势稳定，银行类股票市盈率普遍高于市场平均市盈率，价格没有大起大落。从中长期看，未来股价上涨的空间较大，如果招行业绩能够继续保持稳定增长，则未来转股的机会应该会多一些。此外，发行人一般也不会希望看到转股失败，否则公司要拿出一笔现金偿付投资者。

3.4 可转换债券发展的总结与展望

我国可转债发展大体经过三个阶段：第一阶段从上世纪90年代初期开始，国内上市公司在境内外上市发行转债的初始阶段；第二阶段是从1997年开始的国有非上市公司发行转债的试点阶段和国有上市公司发行转债的试点阶段；第三阶段从2001年开始到现在国内可转债市场的蓬勃发展阶段。

3.4.1 可转换债券发展的初始阶段

90年代初期，我国企业开始尝试运用可转换债券解决企业的融资问题。首先是琼能源、成都工益、深宝安、中纺机和深南玻等企业在境外发行了可转换公司债券。这些可转债的发行、交易和转股情况因具体主客观因素的差异而各不相同，从不同角度，以不同方式为以后国内可转换公司债券的运作积累了经验教训。

（1）转股失败的教训。当转债发行公司与投资者将转债视为认股权证之类的高度投机工具而忽略转债到期还本付息的债券性质时，投资者对利率的高低、转换条件以及保护条款等问题不在意，发行公司将募集的转债资金用于中长期的投资项目，一旦转股失败，到期还本的巨额债务对公司经营造成严重负面影响。深宝安转债发行成功但转股失败就是这样的例子。

（2）境外发行的外汇风险。在国际市场发行募集资金的企业，通常具有良好的经营状况，但如果公司业绩大幅下滑或者国际股票市场整体回落，当初发行制定的转股价格成为一个至高点，随后的股票价格逐渐与转股价格相差甚远，投资者根本没有任何转股机会，反而选择执行提前回售转债，并要求以外汇还款，而如果公司没有那种外汇的收入，就必须以当时的汇率进行兑换，面临很大的外汇风险。1993年中纺机在瑞士发行的B股转债就是因为投资者要求以瑞士法郎提前回售而面临巨大的外汇风险。

（3）提前回售的损失。发行转债成功的公司通常业绩良好，但是如果突然股票市场整体状况不佳或者公司经营不善导致股价大跌，并且不能反弹直到转债到期，投资者大都会选择提前回售转债，这样的话，发行转债公司不但没有实现股权融资的初衷，也背负了提前还款的债务压力，结果令人遗憾。南玻转债、镇海炼化和华能国际都是因为股价一落千丈，市场不再存在转股的条件而承担了提前回售的损失。

回顾1998年以前发行的可转换公司债券的境遇，失败的教训是深刻的，不仅发行公司没有享受到从债权融资转变为股权融资的好处，转债投资者也没有得到很好的回报。归结起来，主要有以下几个方面的教训：第一，设计可转换公司债券的转换价格时，要考虑股市的非正常的、剧烈的波动；第二，转换价格不能定得太死，要留下调整的余地；第三，发行公司要选择合适的发行时机，避免在标的股票市价特别高涨的时候发行。但无论如何，这些公司在可转换公司债券的探索都是极有意义的，它们所积累的经验和教训将为未来转债市场的推广提供有益的指导。

3.4.2　可转换债券发展的试点阶段

(1) 国有非上市公司发行转债试点

1997年3月25日，国务院证券委员会发布了《可转换公司债券管理暂行办法》，同时国务院决定在国有非上市公司中进行可转换公司债券的试点工作，从1998年开始，南化转债、丝绸转债和茂名石化转债三家试点国有非上市企业发行了可转换公司债券。由于是非上市公司发行可转换公司债券，其转股标的股票是未来上市的股票。在这种情况下，可转换公司债券的合理价位根本无法确定，价格波动区间大。转股价格由于未来公司的盈利、股本结构、二级市场市盈率、上市时间等条件的变动发生大幅波动，具有很大的不确定性和投机性。其次，三只试点转债都设置了到期无条件强制性转股条款，这意味着投资人到期必须转股，这种转债的发行意图在于股权融资而非债权融资。南化和丝绸转债已经实现了先期发行股票的功能，并成功从债券过渡到股票，完全实现了发行人的意图，投资者也如投资新股一样，获得了高额回报。

但是，非上市的国有企业发行可转换债券并非最好选择。由于非上市企业的股本结构、发行方式、发行时间、发行条件，尤其是决定可转换债券价值的转换价格和股票价值都不确定，从而给可转换债券价格的波动留下了很大的空间，也因此为市场的投机和市场的风险留下很大的余地。

(2) 国有上市公司发行转债试点

2000 年 2 月 25 日和 3 月 17 日虹桥机场转债、鞍钢转债两只规范化上市公司可转换公司债券终于面世，它标志着我国在金融创新方面迈出了坚实的一步，给证券市场带来了新的活力。

第二次试点期这些转债的实践使我们看到了未来可转换公司债券发展的希望，但由于发行初期股价处于走低阶段，转股价的定位较低，随后股价高涨，大部分投资者都迅速将转债转换成股票，出现了转股速度过快的现象。这说明一方面在可转换公司债券交易过程中，可转换公司债券经常出现价值被低估情况，投资者存在一定的套利行为；另一方面则充分反映我国缺乏相应的可转换公司债券投资群体，大部分投资者仍希望从股票投资中获利，我国可转换公司债券市场制度仍然不健全。

3.4.3 可转换债券发展的蓬勃阶段

2001 年可转换公司债券市场有了很大改观，迄今为止已经有 50 多家上市公司公布了发行可转换公司债券的计划，可转换公司债券发行得到蓬勃发展。

从可转换公司债券自身特性来看，发行可转换公司债券对上市公司来说是较佳的选择，一是可转换公司债券从实质上来说是股权融资方式；二是可转换公司债券是一种低成本的融资工具，转债利息率不超过银行同期存款的利率水平，另外可转换公司债券利息可以当作财务费用，起到避税的作用，增加了留存收益；三是可转换公司债券赋予投资者未来可转可不转的权利，且转股有一个过程，因此发行可转换公司债券不会像其他股权融资方式那样，造成股本急剧扩张，从而可以缓解对业绩的稀释；四是发行可转换公司债券可以获得比直接发行股票更高的股票发行价格，在扩张相同股本的情况下可以募集更多资金；五是目前深沪上市公司中有 500 余家上市公司满足发行可转换公司债券的硬性条件，这些构成了可转换公司债券市场的基础。六是，2001 年 4 月底出台的《上市公司可转换公司债券实施办法》、《上市公司发行可转换公司债券申请文件》、《可转换公司债券募集说明书》、《可转换公司债券上市公告书》 等规章制度为上市公司发行可转换公司债券提供了法律依据，从政策上保证和强调了可转换公司债券合法的市场地位。

可转换公司债券无疑为企业筹资提供了一条新的渠道，作为一种成熟的国际金融产品，它的引入和发展，有望给我国证券市场带来新的活力，从而推动我国金融市场不断创新，并将在我国建立完善的市场信用机制方面发挥重要作用。可以预见，可转换公司债券将成为我国证券市场上一种重要的金融品种。

3.5 小　结

本章作为利率衍生品定价研究的应用研究之一，着重研究了可转换公司债券的定价方法。首先分析可转换公司债券的结构和条款，可转换债券是包含债权特征和转换权、回售权、赎回权三种期权特征的混合债券。转换权并非大多数学者认为的普通欧式看涨期权，而是一种美式交换期权，并且内含的三种期权具有执行排他性和不执行共存性。对国内外可转换债券定价方法的总结，主要从结构法定价体系和简约法定价体系梳理了转债定价的发展历程。结构法认为转债价格依赖于公司价值，而简约法认为公司价值不可直接观测，转而考虑可观测的公司股价变量为转债价格的标的变量。在国内目前转债发行信用度较高的情况下，不考虑违约风险，建立了两因素动态利率转债定价方法。首先，从 Itô 定理推导出转债定价的一般微分方程和满足的边界条件。其次，讨论转债定价的二叉树图方法。分别建立动态利率二叉树图和转债标的股票价格的二叉树图，两个树图时间步骤一致，结合成二维树图，分析树图每个节点的期权价值、纯债券价值和股票价值，从树图最后节点倒推贴现，得到转债价值。选择招行转债作为研究对象，利用二叉树图法为招行转债定价，研究了建立利率树图、建立股票树图中无风险利率选取、股价波动率计算、股票树图概率计算等细节性问题。创新性地提出了利率树图与股票树图结合成二维树图的方法，分别用每月树图和半年树图为招行转债定价，得到结论：月树图的转债理论定价更加接近转债实际价格。对招行转债的票息率和转股可能做出分析。本章最后总结了我国可转债发展的历程，初始阶段积累了经验教训，试点阶段取得少有的成功，目前转债发行已经进入蓬勃发展阶段。发行转债是上市公司很有利的融资方式，国内大部分上市公司具备发行转债的条件，规范转债发行的法律规章相继推出，我国可转换债券市场逐步走向成熟，可转换债券已经成为一种重要的金融工具。

第 4 章

浮动利率债券

4.1　浮动利率债券的介绍

利率衍生品在全球范围内交易越来越广泛。利率衍生品按息票率变化方式分为固定利率衍生品和浮动利率衍生品。固定利率衍生品的息票率在投资期限内固定，但是价格依然受到市场利率变化的影响。在国内，固定利率衍生品比较常见，比如国债现货等固定利率债券。固定利率债券不考虑市场变化因素，因而其筹资成本和投资收益可以事先预计，不确定性较小，但债券发行人和投资者必须承担市场利率波动的风险。例如，国内市场经过8次降息后，债券利率处于历史低位，其中隐患的利率风险很大，如果利率提高一个百分点，很多种国债现货的价格将会跌破面值，投资者损失巨大，发行者因低利率融资而获利；相反，如果利率下降一个百分点，那么国债价格升高，对投资者有利，发行者本该按照更低的成本融资，现在因发债成本高而蒙受损失。

发行者和投资者都在寻求抵御利率波动所产生风险的方法。国际市场早在几十年前已经开发并交易多种浮动利率衍生品，使发行人的成本和投资者的收益与市场变动趋势相一致，从而规避利率风险。浮动利率债券就是一种浮动利率衍生品，它是指发行时规定债券息票率随市场利率定期浮动。浮动利率债券的利率通常根据市场基准利率加上一定的利差来确定。美国浮动利率债券的利率水平主要参照3个月期限的国债利率，欧洲主要参照伦敦银行同业拆借利率（指伦敦银行相互之间短期贷款的利率，该利率被认为是伦敦金融市场利率的基准，简称“LIBOR”）。

浮动利率债券的种类较多，如规定有利率浮动上、下限的浮动利率债券，规定利率到达指定水平时可以自动转换成固定利率债券的浮动利率债券，附有选择权的浮动利率债券，以及在偿还期的一段时间内实行固定利率，另一段时间内实行浮动利率的混合利率债券等。国内浮动利率衍生品的开发与交易不活跃，而且发行品种少，有少量的浮动利率债券，包括浮动利率国债、金融债和企业债。

现实市场交易中规避利率风险的迫切需要，促使理论界加快研究适合国内金融市场特点的浮动利率衍生品，并为其准确定价。本章在第二章 SVJ－SD 利率期限结构模型的基础上，着重处理两个问题：一是为浮动利率债券和带有利率上下限、利率双限的浮动利率债券定价；二是设计一种与股票收益关联的新型浮动利率保险债券，并为其定价。

4.2 浮动利率债券的定价

广义的浮动利率债券的利率通常根据市场基准利率加上一定的利差来确定，对广义浮动利率债券定价关键在于确定基准利率和基本利差。狭义的浮动利率债券息票率不包括固定利差部分，单纯基准利率浮动部分能够达到高度市场化程度，它的定价很简单：付息日的债券价格就等于债券面值。本章讨论的是广义的浮动利率债券定价，简称浮动利率债券。

国际上对浮动利率债券基准利率的选择主要有以下几种：（1）以贷款利率为标准，如 LIBOR，而且主要以三个月、六个月的 LIBOR 为主；（2）以货币市场利率作为浮动利率债券的基准利率，其中包括以国库券二级市场到期收益率及回购市场利率为基础的利率；（3）以物价指数/通货膨胀率为基础利率[143]。基本利差的选择考虑三个因素：（1）固定利率和浮动利率之间的调整利率；（2）税收因素；（3）信用因素。

不同的基准利率和基本利差确定方法得到不同的定价方法，但总体的原理相同，浮动利率债券价格都是未来息票和本金现金流贴现之和。陈力峰（2002）[144]用现金流分解方法为浮动利率债券定价。浮动利率分解为基准利率浮动部分和基本利差固定部分，基准利率随着市场利率的改变而改变，在付息日就是利率调整日，债券的价格回归至票面价值。对于基准利率是高度市场化利率的浮动利率债券而言，在任何付息日，债券的价格都等于面值。对于基本利差固定部分的现金流，根据期限结构在付息日贴现定价，将这两部分的价值加起来就是浮动利率债券的价格。朱世武和陈健恒（2005）[145]提出期限结构法为浮动利率债券定价，实际上原理同现金流贴现一样，区别在于选择基准利率的依据不同。从当前时刻的即期利率期限结构推导出远期利率期限结构，以远期利率作为对未来基准利率的预测，从而确定未来的现金流，再用当前的即期利率进行折现得出浮动利率债券的价格。

朱世武和陈健恒（2005）选用 Vasicek 和 CIR 即期利率期限结构模型推导远期利率作为基准利率。本书在此基础上用 SVJ－SD 即期利率期限结构模型推导远期利率作为基准利率，用二叉树图的方法为浮动利率债券定价。

4.2.1　不含期权的浮动利率债券定价

（1）根据 SVJ－SD 期限结构模型建立一个三年期时间步长半年的即期利率二叉树图。浮动利率债券起始日期 2005 年 5 月 10 日，到期日 2008 年 5 月 10 日，面值 100 元，半年付息。

日期	05－5－10	05－11－10	06－5－10	06－11－10	07－5－10	07－11－10	08－5－10
即期利率	0.899 268	1.048 825	1.205 984	1.328 01	1.441 745	1.576 671	1.739 187
		0.844 147	1.001 306	1.123 332	1.237 068	1.371 993	1.534 509
			0.765 677	0.887 703	1.001 439	1.136 364	1.298 88
				0.705 742	0.819 478	0.954 403	1.116 919
					0.680 866	0.815 791	0.978 307
						0.598 477	0.760 993
							0.531 069

图 4－1　SVJ－SD 模型导出的半年期即期利率二叉树图

（2）根据即期利率树图计算远期利率树图。

日期	05－5－10	05－11－10	06－5－10	06－11－10	07－5－10	07－11－10	08－5－10
远期利率	0.899 268	1.210 159	1.557 391	1.736 103	1.955 035	2.371 722	2.953 648
		0.790 626	1.356 944	1.535 895	1.756 284	2.178 959	2.772 043
			0.618 611	1.306 753	1.529 162	1.960 33	2.569 133
				0.537 871	1.355 484	1.794 803	2.418 575
					0.584 935	1.671 346	2.308 726
						0.243 292	2.148 221
							0.182 296

图 4－2　半年期远期利率二叉树图

（3）基准利差参考国家开发银行2003年第十八期金融债券，同样也是三年期金融债，基准利差为0.77%。根据树图每个节点计算浮动债券价格树图。

日期	05-5-10	05-11-10	06-5-10	06-11-10	07-5-10	07-11-10	08-5-10
浮动利率债券价格	106.752 1	106.865 3	106.424 8	105.809 4	105.149 4	104.389 5	103.338 6
		105.975 8	106.335 4	105.690 8	104.999 5	104.215 3	103.157
			105.041 7	105.601 1	104.884 9	104.061 7	102.954 1
				104.074 4	104.786 9	103.952 5	102.803 6
					102.977 4	103.836 1	102.693 7
						101.572 6	102.533 2
							100.567 3

图4-3　三年期浮动利率债券定价二叉树图

二叉树图中浮动利率债券价格的计算依据是：

$$\text{最后节点浮动利率债券价格} = 100 + \text{当期基准利率} + \text{基本利差} \tag{4-1}$$

$$\begin{array}{c}\text{向前倒推节点浮}\\\text{动利率债券价格}\end{array} = \left(\begin{array}{c}\text{上行后节点}\\\text{浮动债券价格}\end{array} + \begin{array}{c}\text{下行后节点浮}\\\text{动利率债券价格}\end{array}\right) / 2 * \exp(-\text{即期利率}) + \text{当期基准利率} + \text{基本利差} \tag{4-2}$$

4.2.2　设有利率上限的浮动利率债券定价

有时为了保护发行者利益，给浮动利率债券附加一个利率上限条款，相当于在浮动利率债券中嵌入一个利率看涨期权空头。投资者在购买浮动利率债券的同时，也卖出了利率上限期权。当利率上涨超过利率上限时，债券息票率就等于利率上限：

$$\text{浮动利率债券息票} = \text{基准利率} + \text{基本利差}$$

$$\text{带有上限的浮动利率债券息票} = \min(\text{利率上限}, \text{基准利率} + \text{基本利差}) \tag{4-3}$$

仍以刚才的三年期每半年付息，面值100元，半年远期利率为基准利率，年基本利差0.77%的浮动利率债券为例，现在给该债券加一个年率5%的利率上限期权。这时：

带有上限的浮动利率债券息票 = min（5%，基准利率 + 0.77%）

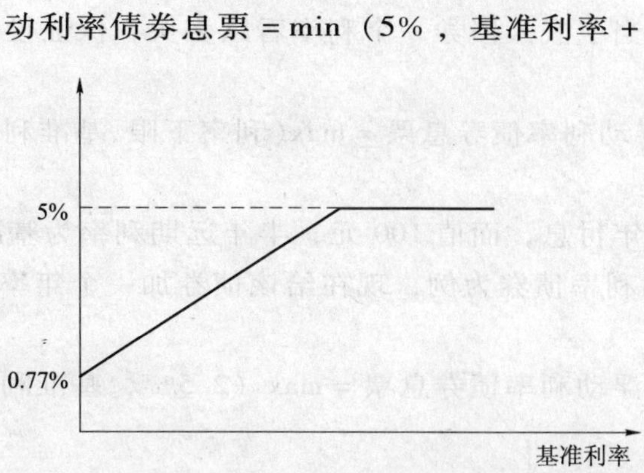

图 4－4 带有利率上限的浮动利率债券息票率图

这时，即期利率二叉树图不变，基准利率不变。但浮动利率债券息票变化，债券价格树图为：

日期	05－5－10	05－11－10	06－5－10	06－11－10	07－5－10	07－11－10	08－5－10
带有利率上限的浮动利率债券价格	106.430 3	106.46	105.919 2	105.178 7	104.358 5	103.396 6	102.5
		105.731 6	106.021 8	105.298	104.512 3	103.603 3	102.5
			104.862 8	105.360 6	104.577 6	103.687 2	102.5
				103.954 3	104.608 9	103.706 2	102.5
					102.913 3	103.723 6	102.5
						101.556 1	102.5
							100.567 3

图 4－5 带有利率上限的浮动利率债券定价二叉树图

利率上限期权价值 = 带有利率上限浮动利率债券价格 － 不含期权浮动利率债券价格 = 106.430 3 － 106.752 1 = －0.321 8 元。

利率上限期权价值为负，上限期权是发行者随浮动利率债券出售给投资者的一个利率看涨空头。发行者是利率上限期权的持有者，当利率上升时，执行上限期权保证发行者融资成本不会过高。

4.2.3 设有利率下限的浮动利率债券定价

为了吸引投资者购买浮动利率债券，发行者给浮动利率债券添加一个利率下限条款，相当于嵌入债券一个利率看跌多头，保证投资者投资收益不会过分降低。

带有下限的浮动利率债券息票 = max(利率下限,基准利率 + 基本利差)

(4 -4)

三年期每半年付息，面值 100 元，半年远期利率为基准利率，年基本利差 0.77% 的浮动利率债券为例，现在给该债券加一个年率 2.5% 的利率下限期权。这时：

带有下限的浮动利率债券息票 = max（2.5%，基准利率 +0.77%）

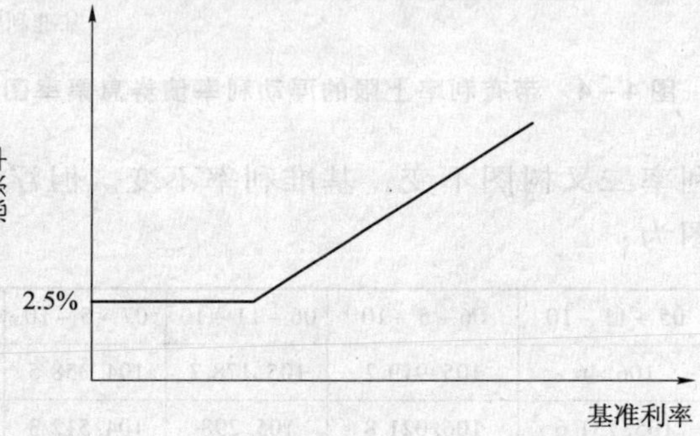

图 4 -6　带有利率下限的浮动利率债券息票率图

即期利率二叉树图不变，基准利率不变，但浮动利率债券息票变化，债券价格树图为：

日期	05 -5 -10	05 -11 -10	06 -5 -10	06 -11 -10	07 -5 -10	07 -11 -10	08 -5 -10
带有利率下限的浮动利率债券价格	106.935 2	106.865 3	106.424 8	105.809 4	105.149 4	104.389 5	103.338 6
		106.345 3	106.335 4	105.690 8	104.999 5	104.215 3	103.157
			105.637	105.601 1	104.884 9	104.061 7	102.954 1
				104.777 6	104.786 9	103.952 5	102.803 6
					103.734 7	103.836 1	102.693 7
						102.533 6	102.533 2
							101.25

图 4 -7　带有利率下限的浮动利率债券定价二叉树图

利率下限期权价值 = 带有利率下限浮动利率债券价格 - 不含期权浮动利率债券价格 = 106.935 2 - 106.752 1 = 0.183 1 元。

利率下限期权价值为正，说明下限期权是投资者持有的利率看跌期权，当利率下跌超过一定界限时，利率下限期权保证了投资者收益不会过低。

4.2.4　设有利率双限的浮动利率债券定价

带有利率双限的浮动利率债券，同时嵌入利率上限期权和利率下限期权。

带有利率双限的浮动利率债券息票 = min[利率上限, max(利率下限, 基准利率 + 基本利差)]　　(4－5)

现在给前面的浮动利率债券同时加年率 2.5% 的利率下限期权和年率 5% 的利率上限期权，这时：

带有上限的浮动利率债券息票 = min[5%, max(2.5%, 基准利率 +0.77%)]

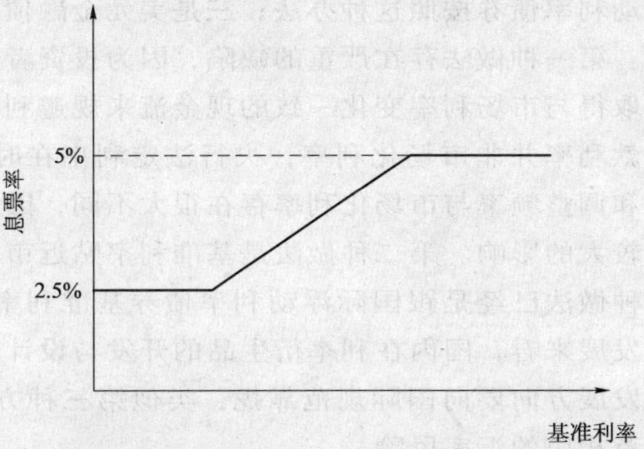

图 4－8　带有利率双限的浮动利率债券息票率图

日期	05－5－10	05－11－10	06－5－10	06－11－10	07－5－10	07－11－10	08－5－10
债券价格	106.830 2	106.711 8	106.207	105.510 8	104.756	103.892 7	102.75
		106.287	106.243	105.548 4	104.787 7	103.913 9	102.75
			105.611 8	105.556 8	104.808 7	103.934 3	102.75
				104.771	104.773 7	103.925 9	102.75
					103.734 7	103.836 1	102.693 7
						102.533 6	102.533 2
							101.25

图 4－9　带有利率双限的浮动利率债券定价二叉树图

即期利率二叉树图不变，基准利率不变，但浮动利率债券息票变化，债券价格树图为：

利率双限期权价值 = 带有利率双限浮动利率债券价格 - 不含期权浮动利率债券价格 = 106.830 2 - 106.752 1 = 0.078 1 元。

4.2.5 国内浮动利率债券发行建议

对国内发行浮动利率债券有以下两点建议：

（1）基准利率的确定向国际规范靠拢。

我国浮动利率债券息票率中基准利率的确定方法如下：一是取决于银行一年期存款利率，随央行规定进行调整，大部分浮动利率债券按照这种办法；二是取决于付息日前 10 个交易日的 7 天回购利率的算术平均值，最近发行的少部分浮动利率债券按照这种办法；三是美元金融债，基准利率选用了 6 个月 LIBOR。第一种做法存在严重的缺陷，因为投资者选择浮动利率债券的理由是通过取得与市场利率变化一致的现金流来规避利率风险，然而央行规定的银行存款利率并非市场化利率，央行法定利率在时间上是突变的，利率的调整时间和调整频率与市场化利率存在很大不同，因此会对浮动利率债券现金流产生较大的影响。第二种做法是基准利率贴近市场化利率的一种优化做法。第三种做法已经是跟国际浮动利率债券基准利率确定方法一致，从这三种方法的发展来看，国内在利率衍生品的开发与设计方面正在逐步走向成熟。今后的发展方向要向国际规范靠拢，类似第三种方法就比较合适，但是也要注意防范相应的汇率风险。

（2）增加发行创新品种。

随着利率市场化的深化发展，我国证券市场的交易存在很大的利率风险。企业作为融资方发行债券，面临利率降低、融资成本升高的风险。企业作为投资方，如同个体投资者一样，购买债券，面临利率提高、债券价格下跌、原始投资收益相对较低的利率风险。银行等金融机构存款利率固定，贷款利率浮动，面临支付固定利率收取浮动利率的风险。金融国际化趋势下，我国要参与世界经济发展，经济开放要求与全球各国政府、企业和金融机构进行贸易往来，国内企业和金融机构更加面临利率风险。国际金融市场的利率衍生品品种已经非常丰富，有利率互换、利率期货、长短期国债期货、长短期国债期货期权、嵌入利率上下限和双限的利率期权等，这些都是对冲利率风险的良好工具，也是金融投资与交易的产品。国内这样的利率衍生品品种稀少，而且形式死板，不够创新。到2005年10月为止，国内现行交易的浮动利率债券32只，其中金融债18只、企业债12只、国债2只。例如浮动利率企业债01中移动，基本利差为1.75%，发行首年利率为4%，2005年6月18日计息日之前的年利率=1.98%+1.75%=3.73%，而在2005年6月18日之后，年利率=2.25%+1.75%=4%。虽然是号称浮动利率债券，但是基准利率一共浮动三次。对于这样一个10年期企业债，这样的息票率制定显然存在很大利率风险，需要进一步加强产品的设计、开发和定价，以及相应法律法规的制定与完善。

4.3 股票收益关联浮动利率保险债券的设计与定价

浮动利率衍生品在金融界各个行业都有需求，本章设计一种与股票收益相关联的浮动利率债券，这种债券可以用于保险业的产品设计。

加入世界贸易组织，促进了国内金融业的开放与发展，保险业也不例外，可以吸取世界各国保险市场的成功经验，直接跟国际机构合作。然而，这种发展并非一蹴而就，需要逐步地探索和学习，规章制度需要完善，保险产品需要推出。目前来看，国内保险业存在落后的方面还很不少，最重要的一点是，保险产品品种少，产品设计开发没有超前性，保险资金的投资工具、投资渠道少。保险资金不仅要追求一定的报酬，还要有足够的工具来分散和控制风险，投资者更加需要品种丰富的投资产品来获取收益或者规避风险。国内目前已经推出分红理财保险产品，这是很好的发展开端，还应该进一步向产品多样化方向发展。

人们购买保险，需要付出保金，保金的设计有一定的讲究，可以把它设计成具有债券性质，按期付息，到期还本的形式，更加具有吸引力。国际上，已经有大型的金融机构推出这样的产品。既然可以把保金设计成债券，那么债券息票率无论是固定还是浮动，会为投资者带来一定的利率风险。基于对浮动利率债券的理解，设计一种含权浮动利率债券，这种含权浮动利率债券的息票率的基准利率跟股票收益相关。

4.3.1 股票收益分析——以房地产上市公司股票收益为例

金融市场的多种价格变量是受到各种因素影响的随机变量，在不同的假设条件下可做出不同的预测模型，比如计量经济模型、投入产出模型、随机时间序列模型在不同程度存在缺陷，在三个假设前提下：假定选取指标已经完全包含和反映了历史信息；假设入选股票永远存在，同时没有新股票进入；假定股票的变化过程为时间离散、状态离散的齐次马尔科夫过程。使用静态的层次分析法与动态的马尔科夫链结合的方法对金融市场几种价格变量进行评价分析。这不仅解决以往模型的缺陷，而且能得到具有实用价值的预测结论，拓广了AHP（Analytic Hierarchy Process）、马尔科夫链的应用范围，同时也为金融领域的套期保值者或者投资者提供辅助分析方法。

选取的数据来自于《中国上市公司业绩评价报告》中关于2005、2006、2007“房地产行业上市公司价值分析结果排序表”的数据，共计51支股票，11个指标。

4.3.1.1 主成分分析

该研究是多指标问题，假若能选取尽可能少的指标，同时保留原始指标的绝大多数信息，那样既简化问题的复杂度，也能使得到的结果充分反映问题本质。所以本书选择主成分投影法，把多个指标简化为少数几个综合指标。

通过正交变换，将原有的指标转换为彼此正交的综合指标，消除了指标之间的重复信息，再选择特征根大于1的成分作为主成分，所以本书依此确定了四个主成分。三年数据的累积贡献率均达到了78%，说明前4个主成分已经包含了反映盈利能力78%的信息量，得到每一支股票在四个主成分上的得分，分别用F1、F2、F3、F4来表示。

4.3.1.2 AHP层次分析法

通过主成分分析得到F1、F2、F3、F4方差贡献率，由于所提取因子的方差累计贡献率只是78%，并未达到100%，故由AHP法获取权重。层次分析法是对定性问题进行定量分析的一种系统分析法，它的特点是根据对客观现实的主观判断，把复杂问题中的各种因素通过划分为相互联系的有序层次，较合理地把变量的当前状况按不同因素要求两两比较赋值，建立判断矩阵，通过特征向量求权重。

(1) 建立递阶层次的评价指标体系。

依各主成分贡献率，选择主成分 F1、F2、F3、F4 来构建评价指标体系。

(2) 构造两两比较判断矩阵。

以 1-9 标度法表示，1 表示 2 个因素具有同样重要性；3 表示 1 个因素比另 1 个因素稍重要；5 表示 1 个因素比另 1 个因素明显重要；7 表示 1 个因素比另 1 个因素强烈重要；9 表示 1 个因素比另 1 个因素极端重要；2，4，6，8 为上述相邻判断中值。

(3) 计算指标权重。

计算判断矩阵 A 每一行元素的乘积 N 次方根 Vi（N 为矩阵阶数），将向量 V 归一化得到 W，即为所求的各指标权重。

(4) 一致性检验。

计算判断矩阵 A 的最大特征值 $\lambda max = \sum (AWi/NWi)$，计算一致性指标 $CI = (\lambda max - N)/(N-1)$，查同阶矩阵平均一致性指标 RI，计算一致性比率 $CR = CI/RI$：当 $CR = 0$ 时，A 具有完全一致性；当 $CR < 0.1$ 时，A 具有满意一致性；当 $CR > 0.1$，A 具有非满意一致性。

(5) 确定综合评价模型，$F = \sum WiFi$。

依此本书采取 1，3，5，7 四级标度计算，最终结果为 $CR = 0.043\ 309 < 0.1$，A 具有满意一致性。$F = 0.563\ 81 * F1 + 0.263\ 38 * F2 + 0.117\ 79 * F3 + 0.055\ 02 * F4$，进而得到综合得分，并依此进行排序。

4.3.1.3 聚类分析

采用 SPSS 16.0 统计软件系统聚类 Between-groups Linkage 进行归类。为了更好的比对分析结果，选择了分为 5 类和 6 类的情况，并且将软件归类的序号，依据综合得分，重新为各类排序，但同一类中的元素归属并未做变动。以 1-5 或 1-6 代表公司综合得分由高到低，盈利能力由强到弱。5 类或者 6 类的划分，可以为下面作马尔科夫分析奠定状态划分依据。

4.3.1.4 马尔科夫链分析

实施方案：用 AHP 法确定初始阶段状态向量及一级转移矩阵，由齐次马尔科夫链性质确定出各阶的转移矩阵及各阶的状态向量，分析变化规律或近似预测未来。具体实施如下：

1. 分为五类。假设马氏链的状态空间为 I = {1，2，3，4，5} 分别表示股票所处的五种状态：优，良，平均，较低，较差。初始分布如下：

2005 年（1/51，5/51，10/51，34/51，1/51）

2006 年（4/51，8/51，11/51，27/51，1/51）

2007 年（1/51，2/51，30/51，16/51，1/51）

（1）分析 2005 到 2006 年数据，得到其一步转移矩阵。可以根据公式 $X(t+k)=X_tP(k)$，求解经过 k 步转移后的概率分布。推算出当转移步数出现无限大时，转移概率矩阵为：P(∞) = {1,0,0,0,0} 。1 和 0 是 5 维列向量，其中有一个吸收壁，状态 1 本身自成闭集，同时它与其他各状态并不是互通的，所以此马氏链是非不可约的。从多步转移概率矩阵知，该马氏过程也不是遍历的，因此不存在稳定状态。但可推断在竞争激烈的环境下，所有企业都努力高企业的竞争力，增强盈利力。在证券市场完善，信息对称情况下，一旦有企业进入状态 1，也就是说企业盈利能力很强时，已受到广大股民的认可，它将永远保持好的发展势头，即优胜劣汰。

（2）分析 2006 到 2007 的数据，推算出当转移步数趋于无限大时，状态空间 I 是一个闭集，且内部不含其他闭集，它的各状态也是互通的，所以此马氏链是不可约的。从多步转移概率矩阵可知，该马氏过程是非遍历的，系统都达到较平稳状态（0，0.012 4，0.639 0，0.336 1，0.012 4）。

从另一个角度看，假设它具有稳定的状态，用 P1，P2，P3，P4，P5，P6 分别表示股票处于 1—6 种状态下的概率，计算得到的稳定状态为（0，0.012 4，0.639 0，0.336 1，0.012 4），与当转移步数趋于无穷大时的概率分布相同。可见一半以上企业都维持在平均水平，最稳定的状态是平均状态，这是符合现实情况的，同时 1/3 的企业处于中等偏下的位置。没有任何一个企业可以高枕无忧，假若某个企业位于平均状态上即最稳定的状态时，它并不会永久停留，在受到其他因素影响时也会偏移，只不过是滞留在平均状态上的时间长一些。

同样的分类，不同的时间段最终结果却截然不同。为了进一步找出其中规律，分析分为6类情况。

假设马氏链的状态空间为I＝｛1，2，3，4，5，6｝，分别表示股票所处的六种状态：优，良，中，一般，较低，较差。初始分布如下：

2005年（1/51，5/51，10/51，23/51，11/51，1/51）

2006年（2/51，2/51，8/51，11/51，27/51，1/51）

2007年（2/51，11/51，27/51，8/51，1/51，2/51）

（1）分析2005到2006年数据。从一步转移矩阵来看，这与分为五类时2005到2006年一步转移矩阵无本质差异，其结果与之前也相符，即企业一旦进入状态1，就永远不再从该状态出来。

（2）分析2006到2007年数据。分六类后却出现了很奇怪的现象；从状态传递图可知，在划分的6个状态中，除1以外的任何状态都是相通的，同样存在闭集｛1｝，可知马氏过程是不相通、非不可约、非遍历的，也就不存在稳定状态。状态1是与其他状态都处于完全隔离的，假设我们用极限的思维考虑，一种可能是只要P2到P6的任何一个状态中有一个企业到达状态P1，那么状态将永远维持在P1处。由于我们采用仅是一年数据，若从长远看，这种假设是具有现实意义的，是可实现的。这样就与2005到2006数据分析出来的结果吻合。另一种假设，只要状态P1落入P2到P6的任一状态中，那么就永远回不到P1。由于P1状态下的股票数量只占到3.9%，在假设忽略该状态时，最终存在稳定状态为（0.2，0.2，0.2，0.2，0.2）。

4.3.1.5　结论与改进

首先明确：假若某个企业位于最稳定的状态时，并不是说它会永久停留，在受到其他因素影响时也会偏移，只不过是滞留在最稳定状态上的时间长一些。但整个行业的稳定状态是大致不变的。

综上分析，可以推断最终结果无非两种：第一种，最终的稳定状态永远会落入状态1上，即各个企业不断提高自身的能力，不断适应社会发展，最终留在这个行业长久发展的必然是优秀的；第二种，最终稳定状态不一定在状态1上，即没有任何一个企业是可以高枕无忧的，可能在某个时段而言他们有可能达到高收益，但不知道哪个时刻，局势就会发生突如其来的变化。或许说明因为存在竞争，永远没有最好，只有与时俱进，如下表4－1。

表 4－1　　　　房地产上市公司股票价格类别分析

类别	年份	最终状态	归属
分为五类	2005—2006	(1, 0, 0, 0, 0)	第一种
	2006—2007	(0, 0.012 4, 0.639 0, 0.336 1, 0.012 4)	第二种
分为六类	2005—2006	(1, 0, 0, 0, 0, 0)	第一种
	2006—2007	可能 (1, 0, 0, 0, 0)	第一种
		可能 (0, 0.2, 0.2, 0.2, 0.2, 0.2)	第二种
大体上说 2005—2006 年符合第一种情况，2006—2007 年符合第二种情况			

此时就很难抉择用哪一年的一步或多步转移矩阵来预测未来的股票发展趋势，需了解更多年份的资料，才能做出合理的推断。所以该模型需要进一步修正。

采取动静结合的方法：将 AHP 和马尔科夫链相结合，用 AHP 将参评对象排序，划分状态，再用马尔科夫状态转移概率来刻画系统的微观波动规律。充分应用统计学知识，采用主成分分析法降低了多变量问题分析复杂度，而聚类分析更客观地将样品分类，使得最终的数据更具科学性。

选取时间与选取指标没有统一规定，而是依据人为选定，那么选择期间不同可能得出不同结果。在选取股票时，本书假设入选股票永远存在，同时没有新股票进入，现实生活是不可能的。关于状态的划分和状态数目的确定无统一标准，需要根据资料或各问题的要求而定。假若状态划分不当，最后分析的结果可能就不具有指导性和参考性。

从模型最终的结果分析和模型的局限性上，我们发现选取时间段是影响整个结果的关键因素。为了利用尽可能丰富的数据资料，为了研究结果尽可能不受季节或年度性影响，可以引入时间序列，可以先对要采用的数据进行平稳性和纯随机性检验。数据处理后的步骤都不变：主成分分析，层次分析(AHP)，系统聚类，马尔科夫链性质分析，模型检验，预测未来。

4.3.2　股票收益与债券收益的相关性分析

首先，分析股票收益与债券收益的相关性。图 4－10 绘制了 2004 年 9 月—2005 年 9 月上证股指和债券指数的走势图。

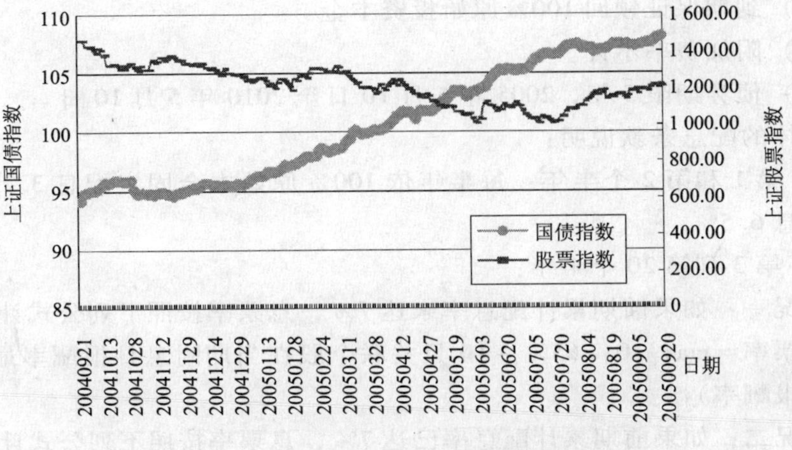

图 4－10　上证股票指数与债券指数趋势图

由图 4－10 可见，股市与债市行情呈现相反趋势，业内人士称之为“跷跷板现象”，产生这种现象的原因是有限的投资和投机资金在两个市场里能迅速顺畅地转换套利。但业内人士认为这种规律将在以后渐渐弱化，原因在于券商和私募资金已被政策之手挤出市场中坚，保底形式的资产委托方式也被禁止，债市和股市之间资金有效的快速转换管道被堵塞，低风险偏好的资金被排斥在股票市场之外，造成 A 股资金的持续匮乏。看来这种相反的趋势并非定论。

债券和股票都是投资工具，两者的收益情况不同，股票收益不确定，债券收益相对固定。正因为股票收益的不确定性，与浮动利率债券基准利率的随机变化特征相似。因此，浮动利率债券基准利率考虑若干只股票的收益函数是可行的。

4.3.3　股票关联浮动利率保险债券的设计与定价

4.3.3.1　股票关联浮动利率保险债券条款设计

人民币上证 A 股收益连动浮动利率债券保险投资型产品条款：

（1）首年高额配息 6.5%。

（2）半年计算配息一次。

（3）累计配息达 7% 可提前赎回 100% 原始投资本金。

（4）第 3 个半年起累计配息率达 7%，可获得 0.5%～2% 的加码配息。

（5）到期保证领回100%原始投资本金。

（6）附加费率不计。

（7）债券期限5年，2005年5月10日至2010年5月10日。

具体的配息条款说明：

a）第1和第2个半年：每半年依100%原始本金固定配息3.25%，即首年配息6.5%.

b）第3到第20个半年：

情况一：如果前期累计配息率未达7%，息票率按照下列公式计算：

息票率 = max {0，（5% +10只关联个股在当期附息日报酬率最低一只股票的报酬率）}　（4-6）

情况二：如果前期累计配息率已达7%，息票率按照下列公式计算：

息票率 =7天国债回购利率20个交易日的算术平均值 +0.5%（4-7）

c）从第3个半年起，加码配息：

表4-2　加码配息表

累计息票率达12%	第1.5年	第2年	第2.5年	第3年	第3.5年	第4年	第4.5年	第5年
加码配息率	0.5%	1%	1.5%	2%	2.5%	3%	3.5%	4%

根据股票收益好坏，对息票率分三种情况模拟计算，10只股票在本书不具体选定，假设三种情况的最差股票报酬率分别如表4-3中所列。

表4-3　息票率模拟计算

配息年度及情景假设		付息日10只关联股票最低一只报酬率	息票率计算 max {0，1% + 表现最差个股报酬率}	配息率	累计配息	加码配息	总报酬率	平均报酬率	可否提前赎回
情景1	第1年	固定配息	3.25% +3.25 =6.5%	6.5%	6.5%	无	7.5%	5%	否
	第1.5年	2%	1% +2% =3% 累计配息9.5% >上限7%	0.5%	7%	0.5%			是

续表

<table>
<tr><th colspan="2">配息年度及情景假设</th><th>付息日10只关联股票最低一只报酬率</th><th>息票率计算 max {0, 1% + 表现最差个股报酬率}</th><th>配息率</th><th>累计配息</th><th>加码配息</th><th>总报酬率</th><th>平均报酬率</th><th>可否提前赎回</th></tr>
<tr><td rowspan="2">情景2</td><td>第 1 年</td><td>固定配息</td><td>3.25% +3.25 =6.5%</td><td>6.5%</td><td>6.5%</td><td>无</td><td rowspan="2">7.5%</td><td rowspan="2">5%</td><td>否</td></tr>
<tr><td>第 1.5 年</td><td>−0.5%</td><td>1% −0.5% =0.5%
累计配息 7% = 上限 7%</td><td>0.5%</td><td>7%</td><td>0.5%</td><td>是</td></tr>
<tr><td rowspan="5">情景3</td><td>第 1 年</td><td>固定配息</td><td>3.25% +3.25 =6.5%</td><td>6.5%</td><td>6.5%</td><td>无</td><td rowspan="5">9%</td><td rowspan="5">3%</td><td>否</td></tr>
<tr><td>第 1.5 年</td><td>−2.5%</td><td>1% −2.5% = −1.5% <0</td><td>0%</td><td>6.5%</td><td>无</td><td>否</td></tr>
<tr><td>第 2 年</td><td>−0.8%</td><td>1% −0.8% =0.2%</td><td>0.2%</td><td>6.7%</td><td>无</td><td>否</td></tr>
<tr><td>第 2.5 年</td><td>−3%</td><td>1% −3% = −2% <0</td><td>0%</td><td>6.7%</td><td>无</td><td>否</td></tr>
<tr><td>第 3 年</td><td>1.5%</td><td>1% +1.5% =2.5%
累计配息 9% >上限 7%</td><td>0.3%</td><td>7%</td><td>2%</td><td>是</td></tr>
</table>

根据关联股票收益，表 4 − 3 中一共模拟三种情况：

三种情况共同点都是第 1 个和第 2 个半年固定配息 6.5%，不同的是：第一种情况关联股票刚开始报酬率高，从第 3 个半年开始累计息票率超过 7%，从第 4 个半年开始到到期日可以采用 7 天国债回购利率 20 日均值作为基准利率。第二种情况关联股票报酬率适中，第 3 个半年累计息票率正好达到 7%，从第 4 个半年开始到到期日可以采用 7 天国债回购利率 20 日均值作为基准利率。第三种情况比较复杂，股票收益不确定，开始的报酬率低，后来有所回升，直到第 6 个半年，累计息票率才达到上限 7%，从第 7 个半年至到期日采用 7 天国债回购利率 20 日均值作为基准利率。

4.3.3.2　股票关联浮动利率保险债券的定价

使用 SVJ − SD 利率期限结构模型，得到五年期，时间步长半年的利率树图：

年	0	0.5	1	1.5	2	2.5	3	3.5	4	4.5	5
半年率	0.899 3	1.048 8	1.206 0	1.328 0	1.441 7	1.576 7	1.739 2	1.894 8	1.997 9	2.110 0	2.215 4
		0.844 1	1.001 3	1.123 3	1.237 1	1.372 0	1.534 5	1.690 1	1.793 2	1.905 3	2.010 7
			0.765 7	0.887 7	1.001 4	1.136 4	1.298 9	1.454 5	1.557 5	1.669 6	1.775 1
				0.705 7	0.819 5	0.954 4	1.116 9	1.272 5	1.375 6	1.487 7	1.593 1
					0.680 9	0.815 8	0.978 3	1.133 9	1.237 0	1.349 1	1.454 5
						0.598 5	0.761 0	0.916 6	1.019 7	1.131 8	1.237 2
							0.531 1	0.686 7	0.789 7	0.901 8	1.007 3
								0.454 7	0.557 7	0.669 8	0.775 2
									0.421 6	0.533 7	0.639 1
										0.384 6	0.490 0
											0.335 8

图 4-11　五年期利率树图

根据表 4-3 的浮动息票率计算，得到该产品定价树图。债券价格树图节点按照树图 4-11 的利率贴现，从第 3.5 年到第 5 年的息票率选用付息日 7 天回购利率前 20 日的算术平均值，但是还没有发生。这里用 SVJ-SD 期限结构得的短期利率代替 R007 算术平均值，得到表 4-3 描述的三种情形的债券定价树图：

年	0	0.5	1	1.5	2	2.5	3	3.5	4	4.5	5
价格	107.513 2	108.237 0	105.956 2	103.924 1	104.882 3	104.513 3	104.147 5	103.787 7	103.434 2	103.080 6	102.715 4
		108.731 9	106.231 7	103.980 4	104.731 3	104.357 6	103.981 5	103.604 6	103.230 6	102.865 8	102.510 7
			106.520 4	104.055 6	104.567 5	104.194 9	103.821 2	103.442 3	103.055 5	102.661 8	102.275 1
				104.072 7	104.390 5	104.011 9	103.640 1	103.270 0	102.893 9	102.504 9	102.093 1
					104.222 0	103.826 3	103.441 9	103.068 2	102.700 6	102.330 2	101.954 5
						103.664 0	103.258 5	102.863 8	102.481 5	102.110 3	101.737 2
							103.104 0	102.689 5	102.281 1	101.882 8	101.507 3
								102.543 3	102.123 3	101.701 4	101.275 2
									101.979 9	101.560 3	101.139 1
										101.410 1	100.990 0
											100.835 8

图 4-12　第一种情况股票收益关联的浮动保险债券的定价树图

年	0	0.5	1	1.5	2	2.5	3	3.5	4	4.5	5
价格	104.897	105.330 4	102.733 9	100.357 1	101.459 9	102.597 2	104.208 3	103.787 7	103.434 2	103.080 6	102.715 4
		106.358 7	103.579 4	101.024 9	101.937 4	102.863 7	104.247	103.604 6	103.230 6	102.865 8	102.510 7
			104.386 1	101.653 2	102.394 8	103.144	104.322 3	103.442 3	103.055 5	102.661 8	102.275 1
				102.173 6	102.724 4	103.302 7	104.323 2	103.27	102.893 9	102.504 9	102.093 1
					103.070 2	103.433 3	104.263 6	103.068 2	102.700 6	102.330 2	101.954 5
						103.712 6	104.297 5	102.863 8	102.481 5	102.110 4	101.737 2
							104.372 9	102.689 5	102.281 1	101.882 9	101.507 3
								102.543 3	102.123 3	101.701 4	101.275 2
									101.979 9	101.560 3	101.139 1
										101.410 1	100.990 0
											100.835 8

图 4－13　第三种情况股票收益关联的浮动保险债券的定价树图

第一种情况，股票收益关联的浮动保险债券价格为 107.51 元。第二种情况跟第一种情况实际上一样的。第三种情况股票收益关联的浮动保险债券价格为 104.9 元。

假设第一种情况出现的概率为 0.3，第二种情况出现的概率为 0.3，第三种情况出现的概率为 0.4，当然本章中这种假设是主观设定，真实情况可以经过模拟股票收益。

股票收益关联的浮动利率债券价格 $=0.3\times107.51+0.3\times107.51+0.4\times104.9=106.47$ 元。

本书数据有些是主观设定的，并未做实证检验，例如关联股票的选取，股票收益随机波动的研究，股票收益分情况讨论的概率，当累计息票率达到上限以后付息日的息票率根据 7 天国债回购 20 日均值计算也采用了 SVJ－SD 期限结构导出的即期利率作替代。这些简化或者近似处理对债券准确定价确实有影响，但不影响债券设计的理念。这种保险债券的设计理念是从浮动利率衍生品角度出发，关键在于确定基准利率和基本利差。

4.4 小　结

这一章讨论了利率衍生品中浮动利率债券的定价方法。确定浮动利率债券的息票率重要的是确定基准利率和基本利差，国际上通常以市场化程度较高的利率，例如 LIBOR，作为基准利率。基本利差的确定要考虑固定利率和浮动利率之间的调整、税收以及债券信用等因素。对浮动利率债券定价，关键在于现金流贴现率依据的利率期限结构情况，由第二章建立的 SVJ－SD 利率期限结构推导远期利率作为基准利率，用二叉树图工具为不含期权、含有利率上下限和双限期权的浮动利率债券定价。对国内发行浮动利率债券提出建议，基准利率的确定应向国际规范靠拢，增加新品种开发，规避利率风险。根据新产品开发需求，设计了一种股票关联收益浮动利率债券。股票收益的不确定性，与浮动利率债券基准利率的随机变化特征相似，因此可以选择若干只股票的收益函数作为浮动利率债券的基准利率。本书讨论了收益函数的三种情况，并分别对三种情况的浮动利率债券定价。这种债券可以用作保险业的理财产品，也是一种投资工具。

第 5 章

远期利率协议与利率期货

5.1　远期利率协议

5.1.1　我国债券远期市场简介

债券远期是交易双方约定在未来某一日期，以约定价格和数量买卖标的债券的金融合约，是债券市场运用较为普遍的规避利率风险的金融衍生工具。远期交易标的债券种类应为已在全国银行间债券市场进行现券交易的中央政府债券、中央银行债券、金融债券等。市场参与者进行远期交易，应签订远期交易主协议。

中国的债券远期交易市场始于 2005 年 6 月 15 日，中国工商银行和兴业银行完成首笔债券远期交易，揭开了银行间市场债券远期交易的序幕，当天交易量达 5 亿人民币，成交笔数为 13 笔。

历史资料显示，被用于远期交易的债券品种共有 8 只，全部为短期国债和一年以下的央行票据，且各占一半。成交数据显示，机构首日操作行为仍处在尝试状态。从交易笔数看，远期交易成交期限较短，最长的不过为两个月，在 13 笔成交记录中，7 天短期品种占了 8 笔，2 个月品种仅有 2 笔。从债券期限结构看，一年期以下的品种占了 3/4，一年期以上品种只有 0215 券和 0503 券 2 只中短期国债。

自从首笔债券远期交易完成后，债券远期交易在债券市场上的表现日趋活跃。

在推出后的第一年，债券远期成交量达到 178 亿，随后 2006、2007 两年交易量保持了年均 270% 以上的增长。2008 年，债券远期交易成交量经历了大幅波动，前 8 个月成交量呈现 V 字走势，但全年仍然成交 5 008.1 亿元，为 2007 年的两倍。金融危机蔓延以来，债券远期交易规模先降后升，期限有所延长，标的券种仍以央票为主。经过 5 年的发展，债券远期交易飞速发展，已由 2005 年的 177.99 亿元（108 笔）增加到 2009 年的 6 556.4 亿元（1 599 笔），增长了近 36 倍。

虽然债券远期近年来发展迅速，但总结 5 年来市场实践经验来看，债券远期还没有真正用作利率衍生产品，而是主要用于构造买断式回购。同时市场上又存在债券卖空需求得不到满足的情况。远期市场不能充分发挥其功能的主要原因在于现券市场流动性不足，深度不够。理论上，若投资者预期债券价格在未来一段时间内将会下跌，就可运用债券远期做一笔卖出交易，到期以较低的市场价格（若预期正确）买入标的债券，从而完成交割，赚取价差。而在实践中，由于现券市场流动性不足，投资者签订远期卖出的合约后，可能面临到期无法在市场上融到标的债券，或由于标的债券被少数大机构垄断而导致融券成本过高的情形。这种风险的存在使得投资者面对远期交易很谨慎，债券远期产品功能的发挥以及市场的进一步发展受到制约。

由于我国债券市场中参与主体同质性较强，市场预期往往趋于一致，市场流动性还有待于进一步提高。债券远期产品的推出，使得市场无论如何变动，投资者皆可以通过远期交易来规避风险或获得收益，从而促进现券交易，提高债券现货市场流动性。同时远期交易也可在一定程度上避免债券市场演变成单边市场，有利于降低市场波动性。此外，通过对远期交易的监测与分析，中央银行可以更准确地把握市场走势，为制定货币政策提供依据。

（1）有利于丰富债券市场交易工具。

我国债券市场交易工具不丰富，仅有现券买卖、质押式回购和买断式回购几种。债券市场交易工具和交易方式的单一无法满足投资者各种交易需求。具有规避风险和价格发现功能的债券远期产品的推出，为市场提供了可选择的工具，有利于丰富债券市场交易工具。

（2）有利于商业银行等金融机构进行资产负债管理，维护金融稳定。

我国债券市场交易主体虽然包括各种类型的金融机构、非金融机构及广大社会公众，但金融机构持有的债券资产占全部债券存量的绝对比重较高。债券远期推出之前（2004 年末），我国金融机构持有债券余额 4.2 万亿元，约占全部债券存量的 81%，其中商业银行持有 3.4 万亿元，约占全部债券存量的 66%。我国金融机构特别是商业银行资产负债期限错配问题比较突出，在现券市场收益率不断走低的同时，资金比较充裕的商业银行将处于资产增持阶段，多头的堆积必然导致敞口风险的增加。如果没有有效规避利率风险的金融工具，则必将增大整个市场的系统性风险。理论上，债券远期的交割价格由现货价格加上执行成本决定，远期价格与即期价格变动的方向相同。由此，投资者可通过在现货市场与远期市场持有相反的头寸来规避风险。可见，债券远期交易的推出可以为商业银行等金融机构提供有效的资产负债管理工具，有利于维护金融稳定。

（3）有利于提高市场流动性，完善市场价格发现，促进现货市场发展。

发达国家的债券市场除了通常的债券现货买卖之外，大量的以债券为基础的衍生产品交易在活跃债券市场方面发挥了重要作用。衡量债券市场流动性的标准是，当投资者买卖大量债券时，能够在较短的时间内成交，同时不引起价格的大幅度波动。从历史数据来看，我国无论是交易所债券市场还是银行间债券市场的流动性都有待于进一步提高。债券远期的推出，一方面，使得市场无论如何变动，投资者都可以通过远期交易来规避风险或获得收益，从而促进现券交易，提高现货市场流动性；另一方面，债券市场产品品种的增加导致市场参与者的增加也将提高市场流动性。同时，市场流动性的提高，有助于促进市场的价格发现。此外，在远期交易中，债券未来的交割价格在当前的交易中即已确定，其价格在很大程度上反映了需求状况及交易双方对债券价格未来走势的预期。通过远期市场与现货市场的套利，债券远期交易与现券买卖结合也有利于形成更为合理的远期价格与即期价格，债券远期交易本身的价格发现功能，也对现货市场发展具有重要的促进作用。

（4）为债券市场提供做空机制，有利于降低债券市场波动。

我国债券市场缺乏做空机制，这在市场预期一致的情况下，很容易演变成单边市场，加剧债券价格波动。债券远期交易的推出，为债券市场提供做空机制，可以帮助投资者在行情看空的情况下实现盈利或止损，这在一定程度上避免债券市场演变成单边市场，有利于降低市场波动性。

（5）为央行制定、执行货币政策提供依据。

债券远期交易能够很好地揭示投资者对未来利率走势的预期，通过对远期交易的监测与分析，中央银行可以更准确地把握市场走势，为制定和执行货币政策提供依据。

（6）为其他金融衍生工具的推出奠定基础，对发展我国金融衍生产品市场具有重要意义。

按照金融工程学的观点，远期、期货、期权和互换为最基本的金融衍生工具，其中远期合约操作相对简单，与基础市场最为接近。国际金融衍生工具发展的历史表明，期货、期权和互换交易都是在远期交易的基础上发展起来的。按照从易到难，从低风险到高风险的原则，先行推出债券远期将使投资者对衍生工具的风险和功能有更加深刻的理解，其交易制度安排也将为今后推出债券期货等其他衍生工具奠定基础。

5.1.2 远期利率协议的定义

远期利率协议（Forward Rate Agreement，FRA）是一种远期合约，参与者同意在指定的未来某个时期将某个确定的利率应用于某个确定的本金。这种远期合约类似于利率期货合约，区别在于FRA不在规范的交易所内交易，而是交易双方在场外签署协议。因此，远期利率协议可以看作利率期货在场外交易的一种形式。

在远期利率协议中，交易双方规定一个未来某一时间的协议利率，并规定以某种利率为参照利率，到结算日时，如果参照利率与协议利率不同，则必须由一方向另一方支付一定的差额，作为补偿。这一差额根据参照利率与协议利率的实际偏差情况，以及合约给定的期限和本金计算得到。在远期利率协议的买卖中，买卖双方只是在形式上收支交易的本金，实际上并没有任何本金的转移，交易者的成本、风险大为降低，同时也增强了市场的流动性。尤其是对于银行来说，由于在远期利率协议条件下，没有本金的流动，可以成为资产负债表外的金融工具，也就意味着无需满足严格的资本足额要求，仅需要极少数额的保证金即可。与利率期货相比，它的优点是：(1) 无需交纳保证金，利率风险管理的成本较低；(2) 合约的金额和到期日比较灵活，交易者可以根据资金的实际需要灵活确定，能在一定程度上提高利率风险管理的效率；(3) 在正常情况下不存在基差风险，便于管理。

5.1.3 远期利率协议的定价

考虑某个远期利率协议，在0时刻双方同意在 T 和 T^* 之间的期限内得到利率为 R_{FRA}，本金为 F，假设 r_0 和 r_0^* 分别是0时刻观测到的期限到 T 和 T^* 的即期利率。远期利率协议满足如下现金流状况：在 T 时刻的本金 F 现金流出，到 T^* 时刻获得 $Fe^{R_{FRA}(T^*-T)}$ 的现金流入。

(1) FRA 在 $t=0$ 时刻价值 V_0 为：

$$V_0 = Fe^{R_{FRA}(T^*-T)}e^{-r_0^*T^*} - Fe^{-r_0T} \tag{5-1}$$

在协议签署时刻，即0时刻，协议价值应为零，因此由 $V_0=0$ 得到：

$$R_{FRA} = \frac{r^* T^* - rT}{T^* - T} \tag{5-2}$$

这时的 FRA 利率正好等于 0 时刻 T 和 T^* 之间远期利率。

（2）FRA 在 $0 < t < T$ 时期的价值 V_t 为：

$$V_t = Fe^{R_{FRA}(T^* - T)} e^{-r_t^*(T^* - t)} - Fe^{-r_t(T - t)} \tag{5-3}$$

公式（5 – 3）中 r_t 和 r_t^* 分别是 t 时刻观测的期限到 T 和 T^* 时刻的即期利率。

（3）FRA 在 $t = T$ 时期的价值 V_T 为：

$$V_T = Fe^{R_{FRA}(T^* - T)} e^{-r_T(T^* - T)} - F \tag{5-4}$$

公式（5 – 4）中 r_T 是在 T 时刻观测的期限到 T^* 的即期利率。

（4）FRA 在 $T < t < T^*$ 时期的价值 V_t 为：

$$V_t = Fe^{R_{FRA}(T^* - T)} e^{-r_t^*(T^* - t)} - Fe^{r_t(t - T)} \tag{5-5}$$

公式（5 – 5）中 r_t 和 r_t^* 分别是 t 时刻观测的期限为 $t - T$ 和 $T^* - t$ 的即期利率。

（5）FRA 在 $t = T^*$ 时期的价值 V_{T^*} 为：

$$V_{T^*} = Fe^{R_{FRA}(T^* - T)} - Fe^{r_{T^*}(T^* - T)} \tag{5-6}$$

公式（5 – 6）中 r_{T^*} 是从 T 到 T^* 期间的即期利率。

FRA 价值依赖于固定的远期协议利率 R_{FRA} 和随机利率期限结构，如果随机利率期限结构能够建立，就可以为远期利率协议准确定价。而且需要注意的一点是，R_{FRA} 是签订协议时期的远期利率，对 R_{FRA} 的确定也需要对远期利率期限结构有准确的估计。

5.2 利率期货

5.2.1 利率期货的介绍

期货合约是交易双方之间签订的在确定的将来时间，按确定的价格购买或出售某项资产的协议。利率期货合约是标的资产价格依附于利率水平的期货合约。利率期货合约是一种有效对冲利率风险的金融工具，国际上很多发达国家早已开发并交易利率期货这种衍生品。1975年10月，美国芝加哥商品交易所首先推出美国国民抵押协会抵押证期货，随后又分别推出了短期国库券、中长期国库券、商业银行定期存款证、欧洲美元存款等利率期货。进入80年代，英国、日本、加拿大、澳大利亚、法国、德国、中国香港等国家和地区也分别推出了各自的利率期货。利率期货在全世界范围的商品和金融衍生品交易市场中占有主导地位。我国在1992年12月28日曾经推出国债期货试点运行，但是由于当时开展国债期货交易的条件不成熟，交易出现严重的投机、联手操纵市场等局面，自从上市交易以来，投机操纵风波不断，到1995年5月17日，中国证监会做出了暂停国债期货试点运行的决定。因此，直到现在，国内还没有正式交易的利率期货品种。

反思当初国债期货试点运行失败的原因，关键在于利率市场化体系还未建立。当时我国还处于以银行储蓄利率为主导的非市场化利率体系中，国债现货市场存量小，流动性差，品种结构不合理，而且存在高通货膨胀等诸多因素，每月公布一次的保值贴补率成为国债期货市场最主要的价格变动指标，从而使国债期货演变成一种不完全的通货膨胀期货，最终导致国债期货试行失败。这次国债期货试行失败为以后金融衍生品规范的开发与发展积累了宝贵经验，成为中国期货市场重视风险管理的开端。

从理论上说，国债期货市场的建立和发展首先取决于利率市场化的进程。利率市场化本身亦需要期货市场、回购市场和期权市场等派生市场作为配套的市场机制。目前，国债利率市场化体系已经初步建立。1995年8月，财政部开始试行采取市场化的招标方式发行债券，目前已经过渡到大部分国债通过无预定价格区间招标方式发行的模式。尤其是2001年开始首次发行15年、20年和30年的国债，国债拍卖发行收益率的市场化进程加快，使得国债利率向基准利率方向迈进。1988年国债二级市场建立，1991年开始引进回购交易，使得债券日益成为一种被广泛接受的金融资产。到2001年底，债券及回购交易额突破5万亿，同时也被人民银行作为主要的公开市场操作工具。大量中长期国债发行后，国债品种得到了极大丰富，为国债期货合约的设计准备了可行的标的。

更为重要的是，国内企业和金融机构都亟需避险工具，金融衍生品的使用不但可以降低交易现金流与收益率的波动，而且还能有效地减少融资成本，风险控制部门在优化投资组合的同时，能够积极主动地规避市场风险。

在推进利率市场化进程和规避利率风险的双重要求下，适机推出以国债期货为首的利率期货，是我国货币市场和资本市场均衡发展的内在要求，也是金融体制改革的必经之路。

5.2.2　中长期国债期货

根据标的国债现货的类型，通常把标的为带有息票且期限在 5 年以上的国债的期货合约称为中长期国债期货，把标的为贴现债券且期限在 90 天的短期国债的期货合约称为短期国债期货。因为附息情况和交割期限的不同，国债期货的报价也不同。

中长期国债现货是国债期货的标的资产，国内国债现货报价与美国中长期国债报价不同，美国债券价格以美元和三十二分之一美元报出，所报价格是面值为 100 美元的债券价格。美国国债报价加上上一个付息日以来的累计利息才等于债券的现金价格，而国内国债现货报价直接就是现金价格，或者给出与之等价的到期收益率。无论是债券的现金价格还是到期收益率，都是利率期限结构的不同表现形式，因此国债期货的标的实际上就是随机利率。

国债期货的设计应该与国际规范形式接轨，便于进行国际交易。国外已经成熟的债券期货条款可以作为参考。

条款 1：转换因子

当交割某一特定的债券时，转换因子参数详细说明了空头方收到的价格。

$$\begin{matrix}\text{空头方收}\\\text{到的现金}\end{matrix}=\text{期货报价}\times\begin{matrix}\text{交割债券}\\\text{的转换因子}\end{matrix}+\begin{matrix}\text{交割债券}\\\text{的累计利息}\end{matrix}\qquad(5-7)$$

债券的转换因子定义为交割月份第一天债券的价值。为了便于计算，债券的有效期限和距付息日的时间取整数到最近的 3 个月。如果取整数后，债券的有效期为半年的倍数，假定第一次付息在 6 个月以后。如果取整数后，债券的有效期不是 6 个月的整数倍，一定是额外多出 3 个月，假定在 3 个月后付息，并减去累计利息。

条款 2：选择最便宜债券交割

在任意时刻，有多种票息率和到期日不同的债券可以用来交割。空头方可以选择交割最便宜的债券进行交割。

$$\text{空头方的收入} = \text{期货报价} \times \frac{\text{交割债券}}{\text{的转换因子}} + \text{交割债券的累计利息} \tag{5-8}$$

$$\text{购买债券的成本} = \text{债券的现金价格} \tag{5-9}$$

$$\begin{aligned}\text{交割最便宜的债券} &= \min(\text{购买债券的成本} - \text{收入}) = \min \\ &[\text{债券的现金价格} - (\text{期货报价} \times \\ &\text{交割债券的转换因子} + \text{交割债券的累计利息})]\end{aligned} \tag{5-10}$$

逐个计算每个可以用来交割的债券，就可以找出交割最便宜的债券。

条款3：期货报价的确定。

如果交割最便宜的债券和交割日期是已知的，则期货价格为：

$$F = (S - I)e^{r(T-t)} \tag{5-11}$$

公式（5-11）中 I 是期货合约有效期内息票利息的现值，T 是期货合约的到期时刻，t 是现在的时刻，r 是 t 和 T 期间的无风险利率。

5.2.3 短期国债期货

短期国债期货的标的资产是90天的短期国债，也称为贴现债券，债券发行期间不支付利息，到期投资者收到债券的面值。在期货合约到期日之前，标的资产可以看作是期限长于90天的短期国债。假设0时刻，期货合约的到期期限为 T，标的短期国债的到期期限为 T^*，T^* 与 T 之间相差90天。假设 T 和 T^* 的无风险连续复利为 r 和 r^*，短期国债面值100，现值 V^* 为：

$$V^* = 100e^{-r^*T^*} \tag{5-12}$$

在此期间短期国债没有支付利息，因此期货价格 F 为：

$$F = V^*e^{rT} = 100e^{rT - r^*T^*} = 100e^{-\hat{r}(T^*-T)} \tag{5-13}$$

公式（5-13）中 $\hat{r}$ 是 T^* 与 T 之间的远期利率。

证明：根据无套利原理，必然有短期国债期货价格与不支付收益的标的短期国债价格之间的关系为：$F = V^*e^{rT} = 100e^{rT-r^*T^*} = 100e^{-\hat{r}(T^*-T)}$，否则将出现套利机会。

假设 $F > V^*e^{rT}$，投资者可以以无风险利率 r 借 V^* 元，期限为 T，用来购买短期债券资产，同时卖出短期国债期货合约。在时刻 T，按照期货合约

的价格 F 卖掉短期国债资产，同时归还借款本息 $V^{*}e^{rT}$，这样在时刻 T 就实现了 $F-V^{*}e^{rT}$ 的利润。

如果 $F<V^{*}e^{rT}$，投资者可以卖出标的短期国债资产，将所得收入以利率 r 进行期限为 T 的投资，同时购买短期国债期货合约。在时刻 T，按照期货合约的价格 F 购买短期国债资产，对冲原来的空头，实现利润为 $V^{*}e^{rT}-F$。

5.2.4　推出国债期货的基本条件与风险分析

从 1995 年 5 月 17 日国债期货交易试点运行失败并宣告暂停以来，我国逐渐推进利率市场化进程，原来的固定利率体制已经被打破，目前整个国内资本市场的经济环境有了明显改善。央行已经开始使用利率手段调节宏观经济，利率风险凸现并影响金融机构和企业的经营运行，市场对利率衍生品的需求逐渐增加。我国债券市场发展迅速，发行总额成倍扩大，债券品种日趋丰富，1996 年开始发行 10 年期以上长期国债，完善了国债的期限结构，为开发中长期利率期货品种创造了条件。二级市场波动大，成交活跃，为开展利率期货交易提供了基础。2004 年，中国银监会制定了《金融机构衍生产品交易业务管理暂行办法》，为金融机构从事衍生产品交易制定了专门的办法。资本市场相关交易、结算与托管制度也将日趋完善。券商、银行等金融机构和企业投资者规避利率风险形成市场的需求基础，使得利率期货产品完全可以发展起来。

目前，我国短期国债的品种较少，而中长期国债品种则相对丰富，发行量也较大，可以参照国外发达金融市场的经验优先考虑推出中长期国债期货合约。并且，由于我国交易所债券市场和银行间债券市场的分割状态，发展的不平衡，可以考虑先在一个市场上推出，随着债券市场的统一，最终对所有市场和投资者开放。

另外，在等待推出避险标准合约产品的同时，可以在现有的条件下，通过场外协议签订利率远期协议或利率上限协议锁定利率风险，就可以有效避免市场利率大幅波动带来的损失。而且这种远期利率协议比交易所的标准利率期货产品形式灵活，可以满足交易双方的不同需求。

5.3 债券投资组合价格敏感性的风险分析

债券是一种基本的金融工具，在传统意义上来讲，它是一种固定收益证券，在契约规定期内提供固定的现金流量。在现实交易中，债券或者债券组合的价格受到利率影响，即如果利率发生既定的变动，债券或者债券组合的价格也发生变动。投资者在这种利率的变动下，会遭受损失或者获取利润。因此，准确衡量债券或者组合的价格随利率变化的敏感性，对投资者获取利润和规避利率风险具有重要的现实意义。

经常使用的衡量价格敏感性的方法有持续期法和凸性法。这两种方法能够为投资者制定投资策略提供了良好的帮助，但根据这两种方法制定的投资策略不是绝对准确的，仍然会出现投资策略失误的情况。因此，在理论研究中需要找到其中的原因，并且给出问题的合理解释，提出解决方法。根据金融理论的无套利原理发现，除了持续期和凸性以外，时间效应也是衡量价格敏感性的重要因素。时间效应表现为债券或者债券投资组合价格随时间变化而出现的变化。

5.3.1 衡量价格敏感性的方法

5.3.1.1 持续期

持续期是衡量债券或者投资组合在利率变化一个单位时，每单位金额的价格变动，或者相当于价格百分率的变动。债券价格是利率和时间的函数，假设债券价格函数表示为 $P(r(t),t)$，其中 r 是由某种利率期限结构模型决定的利率因子，t 是时间。价格敏感性的衡量，是 $P(r(t),t)$ 取对 r 的一阶偏导数，表示为 $\partial P/\partial r$。$\partial P/\partial r$ 表示债券或组合价格因变动而产生的头寸变动。从几何意义上来讲，$\partial P/\partial r$ 表示了价格/到期收益率曲线上点的切线斜率。把头寸变化单位化，定义持续期为：

$$D = -\frac{1}{P}\frac{\partial P}{\partial r} \text{或者} D = -\frac{\partial P/P}{\partial r} \tag{5-14}$$

因为$\partial P/P$是价格变动的百分率，所以持续期解释为 r 变动一单位的价格变动百分率。也可以这样解释持续期，价格函数 $P(r)$ 的一阶泰勒展开式表示为：

$$P(r) \approx P(r') + (r-r')\frac{\partial P(r')}{\partial r} \tag{5-15}$$

因此有

$$\frac{P(r)-P(r')}{P(r)} \approx (r-r')\frac{\partial P(r')}{\partial r}/P(r') \tag{5-16}$$

定义 $r-r'$ 为 Δr，根据持续期定义，上式表述为：

$$\text{价格变动\%} = -D \times \Delta r \tag{5-17}$$

从（5-17）式可以看出，当投资者已知利率变化方向的情况下，持续期能够提供债券价格变化的准确信息。如果利率上升，Δr 为正值，持续期越大，价格损失越大。反之，如果利率下降，Δr 为负值，持续期越大，获利越大。

持续期可以为投资者在资产负债管理中提供规避利率风险的方法。举例来说，假设某位投资者具有 10 000 元负债，这些负债的持续期为 7，那么投资者如何投资这 10 000 元，而使得资产与负债的总头寸净现值保持为零呢？投资者可以这样做，通过购买持续期为 7 的 10 000 元资产或者资产组合来进行避险。如果利率上升 10bp（1bp = 0.01%），资产和负债都会同时减少 7 * 0.001 = 0.7%，即 10 000 × 0.7% = 70 元。如果利率下降 10bp，资产和负债会同时增加 70 元。因此总头寸净现值保持为零，投资者避免了资产负债管理中的利率风险。

需要说明的是组合的持续期是组合中每种证券持续期的加权平均数，其中权数是证券价格在组合价格中的比例：

$$D = \sum_i \frac{P_i}{P} D_i \tag{5-18}$$

式（5-18）中 D_i 是组合中第 i 种证券的持续期，P_i 是组合中第 i 种证券的价格，P 是组合的价格。

5.3.1.2　凸性

如果说持续期度量了价格随利率变化而产生的变化，是价格函数的斜率。因此，凸性衡量了这种斜率随利率变化的变化，即价格函数的弯曲程度。凸性定义为：

$$C = \frac{1}{P}\frac{\partial^2 P}{\partial r^2} \tag{5-19}$$

式中$\frac{\partial^2 P}{\partial r^2}$是价格函数对利率的二阶偏导数。凸性从两个角度衡量了价格敏感性：首先，持续期衡量价格函数对利率的一阶偏导数，凸性衡量价格函数对利率的二阶偏导数，它对价格随利率变化的敏感性测度更加精确。其次，持续期可以给投资者在已知利率变化方向的前提下提供帮助，而凸性不论利率发展趋势是向上还是向下，只要利率存在波动，就可以衡量利率波动带来的收益。

价格函数的二阶泰勒展开经过整理表示为：

$$\frac{P(r)-P(r')}{P(r')} \approx \frac{1}{P(r')}\frac{\partial P(r')}{\partial r}(r-r') + \frac{1}{2}\frac{1}{P(r')}\frac{\partial^2 P(r')}{\partial r^2}(r-r')^2 \tag{5-20}$$

（5-20）式可以用持续期和凸性的符号表示为：

$$价格变动\% = -\mathrm{D} \times \Delta r + 0.5 \times \mathrm{C} \times \Delta r^2 \tag{5-21}$$

从（5-21）式可以得出，只要利率波动性越大，不论上升或者下降，只要凸性为正值，那么价格收益越大。在凸性为正的情况下，增加凸性可以增大获利。换句话说，凸性反映了债券价格的风险状况，价格函数曲线越弯越好。债券组合的凸性是组合中每种债券的凸性的加权平均。

5.3.1.3 时间效应

当资产与负债的现值和持续期匹配很好的情况下，假设已知利率变化趋势，应该实现了良好的资产负债风险管理。然而，当假设的利率变化趋势没有成立，比如说利率没有发生变化，现值和持续期匹配良好资产和负债价格将分别受到时间变化的不同影响。甚至有时候，根据持续期或者凸性设计的头寸风险管理策略会因为时间效应而从获利变成受损。时间效应与凸性是反映价格敏感性的一对矛盾因素，当债券的凸性效应好时，时间效应差，当凸性效应差时，时间效应好。因此债券价格函数曲线越弯越好这个结论并非简单成立。在不考虑利率变化情况下，时间效应衡量债券或者债券组合价格对时间的一阶偏导数，它的数学表示为：

$$\Theta = \frac{\partial P}{\partial t}/P \tag{5-22}$$

因此，债券组合的时间效应是组合中每种债券的时间效应的加权平均。

5.3.1.4　持续期、凸性与时间效应三者关系

持续期、凸性与时间效应三者都是衡量价格敏感性的手段，这三者之间的关系怎样呢？是否有互相制约的关系呢？当理论发展进一步提出了时间效应的概念时，这个问题就不得不被重视。从无套利原理的角度出发，可以唯一确定三者关系。假设短期利率 $r(t)$ 的随机过程描述为：

$$dr(t) = \mu_r(r(t),t)dt + \sigma_r(r(t),t)dz \tag{5-23}$$

式中 dz 表示维纳过程，服从标准正态分布；μ_r 是随机利率的单位时间内的期望变化，$\mu_r(r(t),t)dt$ 称为漂移项；σ_r 是随机利率的单位时间内变化标准差，即利率波动率；$\sigma_r(r(t),t)dz$ 称为扩散项。

债券价格是随机利率和时间的函数，根据伊藤引理，债券价格服从下列类似的随机微分方程：

$$\frac{dP(r(t),t)}{P(r(t),t)} = \mu_p(r(t),t)dt + \sigma_P(r(t),t)dz \tag{5-24}$$

（5－24）式中：

$$\mu_p = \frac{1}{P}\left(\frac{1}{2}\sigma_r^2\frac{\partial^2 P}{\partial r^2} + \mu_r\frac{\partial P}{\partial r} + \frac{\partial P}{\partial t}\right) \tag{5-25}$$

$$\sigma_P = \frac{1}{P}\left(\sigma_r\frac{\partial P}{\partial r}\right) \tag{5-26}$$

μ_p 是债券价格在单位时间内的期望收益，σ_P 是债券价格收益在单位时间的标准差。债券价格随机微分方程与随机利率微分方程的随机项 dz 是相同的，说明各种债券收益和利率的随机变化具有完全相关性。这种完全相关性表明各种债券每单位标准差的风险溢价是相同的，否则会出现套利机会。假设 $\lambda(r(t),t)$ 表示这种共同的风险溢价，有下式成立：

$$\frac{\mu_p(r(t),t) - r(t)}{\sigma_p(r(t),t)} = \lambda(r(t),t) \tag{5-27}$$

整理得到：

$$\frac{1}{2}\sigma_r^2\frac{\partial^2 P}{\partial r^2} + (\mu_r - \lambda\sigma_r)\frac{\partial P}{\partial r} + \frac{\partial P}{\partial t} - rP = 0 \tag{5-28}$$

所有依靠利率变化的金融工具价格都遵循这个偏微分方程。如果用持续期、

凸性和时间效应的符号来表示，(5－28) 式可以写成：

$$\frac{1}{2}\sigma^2 C - (\mu_r - \lambda\sigma_r)D + \Theta = r \tag{5－29}$$

因此，无套利原理唯一确定了持续期、凸性和时间效应三者的关系。

在资产负债的利率风险管理中，当持续期得到良好匹配时，D_1表示资产的持续期，D_2表示负债的持续期，即 $D_1 = D_2$时，凸性和时间效应的匹配关系为：

$$\frac{1}{2}\sigma^2 (C_1 - C_2) = \Theta_2 - \Theta_1 \tag{5－30}$$

(5－30) 式说明，在无套利原理下，假设利率变化很小，如果资产凸性效应大于负债凸性效应，那么资产时间效应增加值少于负债时间效应增加值。也就是说，资产凸性大于负债凸性而得到的利润会被时间效应的损失抵消。因此，在实际交易中，给定时期内的收益大小取决于这段时期内利率变化的大小，当利率变化足够大时，凸性效应带来的收益可能足够大于因时间效应带来的损失，从而出现正利润。

5.3.2 债券投资组合策略的风险分析

在这一部分，应用上面所述持续期、凸性和时间效应三种衡量价格敏感性的方法，对我国企业债券和债券组合进行实证风险分析。任意选取我国企业债券中的三种，分别是短期债券、中期债券和长期债券各一支。这三支债券的具体情况列下表所示：

表 5－1　三种企业债券具体情况

名称	标示	息票利率%	到期期限	到期收益率%	持续期	凸性
02 中移	A	3.50	5	4.61	4.66	24.99
02 渝城投	B	4.32	10	5.66	8.23	80.36
02 三峡债	C	4.76	20	6.10	12.40	217.59

注：数据来源于金融界财经网站债券频道，这三支债券同时首发行于 2002 年。

表 5.1 中债券的持续期和凸性是经过计算得到的。

这三支债券可以形成两种投资策略：一是只投资于中期债券 B，这种投资策略叫做子弹型策略；二是投资于短期债券 A 和长期债券 C 的组合，这种投资策略叫做哑铃型策略。下面分析两种投资策略的价格敏感性。

第一，持续期匹配。子弹型策略只有一支债券，它的持续期是8.23。为了使哑铃型策略与子弹型策略的持续期匹配，必须投资53.9%于A债券并投资46.1%于B债券，因为：53.9% ∗4.66 +46.1% ∗12.40 =8.23。

第二，凸性分析。子弹型策略的凸性是80.36。哑铃型策略的凸性计算如下：53.9% ×24.99 +46.1% ×217.59 =113.78。很显然，在保证了持续期匹配的情况下，哑铃策略凸性大子弹策略凸性。

第三，收益率分析。子弹策略的收益率是5.66%。哑铃策略的收益率为：53.9% ×4.61 +46.1% ×6.10 =5.30%。子弹策略的收益率高于哑铃策略的收益率。

计算到此时，有些投资人按照传统的敏感性分析方法就会做出决定：投资人会为了获得凸性收益而舍弃一些收益率，即投资人选择哑铃型策略，而放弃收益率较高的子弹型策略。

那么是否哑铃型策略一定总是优于子弹型策略呢？

第四，计算6个月持有期间，哑铃型策略收益金额减去子弹型策略收益金额的结果。为了简化，只考虑利率期限结构变化是水平移动的情况，这个假设条件意味着利率期限结构随时间变化形状不变。

表5-2　两策略随到期收益率变化的收益差

到期收益率变化%	-3.0	-2.5	-2.0	-1.5	-1.0	0.0	1.75	2.75	3.25	3.75
两策略收益差	1.50	1.04	0.67	0.38	0.17	-0.36	0.51	1.26	1.76	2.35

下面绘制6个月内，两种投资策略在利率期限结构水平移动情况下，随到期收益率变化而产生的收益差。

如图5-1所示，在大部分到期收益率变化的范围内，都有哑铃型策略收益减去子弹型策略收益为正收益差，表明哑铃型策略在两侧这些收益率变化区域的确优于子弹型策略，但是在接近零收益率变化的一个小范围内，可以看到折线处于零线下方。这段区域内，子弹型策略优于哑铃型策略，因此回答了前面问题，并非所有情况下，都有哑铃型策略优于子弹型策略。出现这种现象的原因是，在这段小区域内，到期收益率变化不大，哑铃策略比子弹策略在凸性效应方面的优势不足以超过时间效应方面的劣势。

因此，在做投资决策时，要考虑未来利率变化的方向和投资期内利率波动的大小。从资产持续期、凸性和时间效应三个方面衡量资产价格的敏感性，不可忽视任何一方。

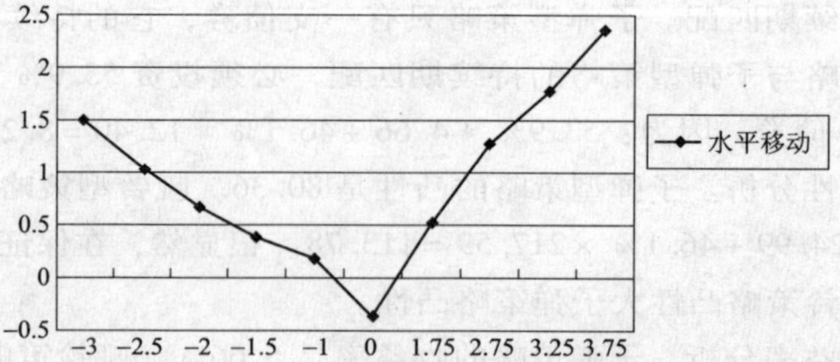

图5-1 两种投资策略随到期收益率变化而产生的收益差折线图

经常使用的衡量债券等金融产品价格敏感性的方法有持续期和凸性法，然而这两种方法在实际投资交易中并不能绝对准确无误的指导投资者，有的时候会出现策略选择失败。本书在理论上剖析了这种失败出现的原因，时间效应能够良好的解释投资策略为何失败。在投资策略选择时，除了进行现值和持续期匹配、凸性比较，还要分析利率波动程度，提前模拟或者预测时间效应带来的收益是否超过凸性效应的收益。时间效应的研究可以良好地应用于资产负债管理中，比以往的方法更加精确地帮助管理者规避利率风险。

从无套利原理出发，推导出持续期、凸性和时间效应三者唯一确定的关系式。如果资产和负债的现值和持续期匹配良好，在利率变化很小的情况下，如果资产凸性效应大于负债凸性效应，那么资产时间效应增加值少于负债时间效应增加值。也就是说，资产凸性大于负债凸性而得到的利润会被时间效应的损失抵消。

在实证分析部分，分别选取中国短期、中期和长期三支企业债券，对三支企业债券构成的两种投资策略进行了风险分析。投资于短期和长期债券组合的哑铃型策略并非总是优于投资于中期债券的子弹型策略，分析策略的时间效应能够更好地做出的投资决策。

5.4 小　结

利率期货合约是一种有效对冲利率风险的金融工具。它的标的资产价格依附于利率水平。远期利率协议是利率期货在场外交易的一种灵活形式，参与者同意在指定的未来某个时期将某个确定的利率应用于某个确定的本金。远期利率协议的价值依赖于固定的远期协议利率和动态利率期限结构，通过建立利率期限结构可以为远期利率协议准确定价。国债期货是一种常见的重要利率期货品种，按照标的国债期限长短，分为中长期国债期货和短期国债期货。中长期国债期货的标的债券期限在 5 年以上，对中长期国债期货定价可以参考国际规范形式，规定转换因子参数确定期货空头方收到的现金价格。在任意时刻，有多种票息率和到期日不同的债券可以用来交割，空头方可以选择交割最便宜的债券进行交割。如果选定交割债券和交割日期，期货价格很容易确定。短期国债期货的标的资产是 90 天短期国债，经过无套利原理证明，标的债券面值经过远期利率贴现后得到的价值即短期国债期货价格。

第 6 章

利率互换

6.1 我国利率互换市场现状

利率互换，是以不同的利率指标（浮动或固定利率）作为交换标的，但不需交换双方的原始本金，而仅就利息差额进行结算。基本交易形态为固定利率与浮动利率的交换，称为基本型利率互换或标准型利率互换。

市场上存在有不同浮动利率参照指标互换合约，如基差互换，其实只要修改互换结构中的要素（利率决定的时机、结束与开始的时点、现金流量的形态和速度、本金的处理方式等），即可衍生出各类的非标准型互换。Bicksler and Chen（1986）认为利率互换并不像股票市场所进行的零和游戏，而是交易双方互蒙其利，各取所需的交易行为。

我国的人民币利率互换业务始于2006年2月9日。2009年底，利率互换成交金额超过了11 000亿元。机构通过远期和互换达到了避险的目的，通过对利率互换的报价，初步形成了中国的人民币互换利率曲线。当然，也存在诸如缺乏差异性需求，对冲掉期组合的机制和渠道不畅通等一系列问题。

利率互换交易快速增长，远期品种活跃程度相对较低。2010年上半年，人民币利率互换市场发生交易4 262笔，名义本金总额4 856.3亿元，同比大幅增加160%。从期限结构看，1年及1年期以下交易仍然最为活跃，其名义本金总额2 567.6亿元，占总量的52.9%。上半年债券远期共达成交易644笔，成交金额2 355.5亿元，同比下降17.6%，其中14天以下品种交易量占90%。远期利率协议交易清淡，仅在5月和6月各发生1笔交易，名义本金额共5亿元。Shibor在利率衍生品定价中的作用不断增强，2010年上半年，以Shibor为基准的利率互换共成交1 401亿元，占全部利率互换交易总量的29%，远期利率协议全部采用Shibor为基准。

参考利率的选择，我国由于没有统一受大家认可的市场基准利率，所以目前国内利率互换交易浮动利率方收取的利率标的主要有3种：银行间7天回购利率、一年定期存款利率、SHIBOR利率以及以各种基准利率为标的的利率互换交易量数据。

金融危机以来，人民币利率互换规模和价格先降后升，参考利率仍以7天回购定盘利率为主，期限结构仍然呈短期化特征。但以Shibor为参考利率的利率互换交易量比重正逐步增大，意味着Shibor作为新培育的市场利率受到交易者接受，其在价格发现和对冲风险等方面的功能在逐渐增强，利率互换的重要性逐渐赶上债券远期。

从人民币利率互换参考利率来看，主要包括7天回购定盘利率、与Shibor挂钩的利率、人民银行公布的基准利率。以大量真实交易为基础的7天回购定盘利率是人民币利率互换最主要的参考利率，占比为71.7%。同时，在人民银行的推动下，市场参与者越来越多地选择以Shibor利率做互换交易的参考利率，占比逐渐提高到26.7%。此外，以人民银行公布的基准利率作为参考利率的互换交易占比为2%。

人民币IRS报价是以标准型利率互换合约（Generic Swap）的固定端利率（Swap Rate）为报价基础，并且以三个月换利一次的合约为报价基础，以Actual/365作为浮动端与固定端双边计息的基础。

6.2 我国利率互换市场存在的问题

人民币利率互换市场开放至今，约有五年多的历史。然而，由于国内债券及期货市场的机制尚未健全，因此衍生出许多交易与避险的问题。

理论上，利率互换市场与其他金融市场间应该存在一定的关系。以美国利率互换市场为例，在短期下，可以利用一连串的欧洲美元期货来复制出利率互换合约，计算出利率互换合约的固定端利率（Swap Rate）。因此，欧洲美元期货市场与利率互换市场应存有一定的联系，使得利率互换市场变得更有效率。

长期下，互换合约的固定端利率应介于同天期的国债利率与AA级或A级公司利率之间，若过分偏离，则套利机会存在。另外，承做长期利率互换的银行多以国债来避险。因此，利率互换市场与国债市场的关系是也密不可分的。再以美国为例，在2001年底，CBOT（Chicago Board of Trade）

推出五年期与十年期 Swap Futures 的商品，也使得美国利率互换市场更加效率与健全。

反观我国利率市场，缺乏放空债券的机制，也没有利率期货，因此银行在承做人民币 IRS 合约时，缺乏避险工具。

另外，虽然国内国债的流动性不算小，然而其流动性较大的合约多为十年以上，相对于人民币 IRS 市场流动性较高的合约为五年以下，其市场间隔性实在很大，想由国债来套利或避险几乎不可能，因此两个市场间的关系也相当薄弱。

由于国内债券与期货市场的流动性太小或是机制尚不健全，导致承做人民币 IRS 的合约时缺乏避险机制，加上人民币 IRS 市场与国内其他金融市场也难有套利机会存在，人民币 IRS 市场报价的依据也令人质疑。

但目前我国利率互换市场需求同质化程度比较严重，企业客户的需求没有被充分激发。市场主要参与者是国有商业银行、股份制银行以及外资银行，这些机构对市场预期往往趋于一致，缺乏其他类型机构尤其是企业客户的参与，因而市场活跃度不高。国际市场上企业的套期保值需求是利率互换市场重要推动力量，但目前在我国市场，企业客户进行利率互换交易的需求相对较低。主要原因：一是我国利率没有完全市场化，贷款利率主要由政策决定，与 7 天回购定盘利率、Shibor 利率不直接相关，投资者对这些利率也不了解；二是企业客户缺乏对利率衍生产品的深入认识和交易经验。

6.3 利率互换交易定价理论

利率互换交易依据比较优势的基本原理，同其他的经济交易一样，交易的双方能获得经济利益。利率互换的经济利益是比较优势产生的结果。

学者们分析了关于利率互换市场发展可能的各种理论解释，其中 QSD（Quality Spread Differential）套利理论，指的是信用差在不同的期限上的差异。QSD 分析了套利产生的各种原因：潜在破产危机产生 QSD、风险转嫁、长短融资、合约的条款差异（如一些长期贷款合约往往包括一些限制性条款，如不允许提前赎回等）、代理成本的差异。使用互换产品带来收益的动机：减少长期债务代理成本、减少公司缩小规模的成本、利用信用不对称、利用税收和管制套利、调整未偿还的债务结构等。他们认为，各种进行互换的动机的组合才促使利率互换市场的发展。

利率互换定价是在套利理论的基础上建立的。利率互换定价理论根据交易主体有没有违约行为分为三种，无风险定价理论、单方违约风险定价理论和双方违约风险定价理论。

6.3.1 无风险定价理论

无风险定价理论是指在进行定价活动中不考虑双方违约的情况，互换交易的一方可以被看做固定利率债券的购买方，另一方被看做是浮动利率债券的购买方。互换双方进行交易就是固定利率债券购买方到期收到固定利息，支付浮动利息；而浮动利率债券购买方到期支付浮动利息，收到固定利息。因此，早期的学者认为利率互换定价就是确定浮动利率债券的价格。我国目前互换市场常用的零息票法和债券等值法都是建立在无风险等价理论的基础之上。

6.3.2 单方违约风险定价理论

单方违约风险定价理论，考虑了交易主体违约风险的定价理论，银行在与其他机构进行互换交易时，由于这些机构存在违约风险，那么在互换定价中考虑违约风险溢价是合理的，但是此理论只考虑了交易一方的违约风险，而没有考虑银行的违约风险，故称为单方违约风险定价理论。

6.3.3 双方违约风险定价理论

双方违约风险定价理论，交易主体双方都考虑了违约风险的前提下，就是在无风险定价情况下的价格加上双方的违约溢价。由此推导出的违约互换定价与无风险定价在思路上一致，只是违约互换定价的贴现率考虑了违约风险因素。

在我国利率互换实务中，如何为违约风险溢价定价存在很大困难，而且我国信用制度尚未健全，市场中对企业和银行的信用评级没有统一定论。所以，实务中较常用的利率互换定价模型是建立在无风险定价理论的基础之上的。本书拟要比较的零息债券定价法和债券等值法也都是以无风险定价理论为理论依据的。

6.4　利率互换交易定价方法

我国利率互换市场上常用的定价方法主要有两种：零息票互换法和债券等值法。

6.4.1　零息票法

零息票法定价的基本原理是：利用零息票利率计算出贴现因子以及计算隐含的远期利率来替代浮动利率，在此基础上计算出利率互换交易中现金流量的现值，最后使得固定利率端现金流现值与浮动利率端现金流现值的差，即净现值为零，计算出固定利率。其定价具体步骤如下：

（1）计算理论即期利率 R_i

在模型中，即期利率是零息债券的到期收益率，但我国的零息债券只有短期的（1 年以内），所以一般国债的到期收益率不能作为即期收益率，而要剥离付息式国债的利息，求出零息国债的到期收益率，这个才是市场的即期利率。

（2）计算贴现因子

如果我们假设第 t 期的贴现因子为 D_i，那么 D_i 与 R_i 之间的数量关系由下列模型来确定：

$$D_i = \frac{1}{\left(1 + R_i \times \frac{t_i}{365}\right)} \tag{6-1}$$

其中，t_i为自计息日至时点 i 时的时间，即债券的剩余期限，以年为单位，使用实际天数/365 的日起计算方法。

（3）计算隐含远期利率

使用理论即期利率曲线推算出隐含的远期利率，以隐含的远期利率来替代浮动利率。计算远期利率由两个因素：一是利率从未来的何时算起；二是应用利率的期限。计算远期利率的模型为：

$$f_i = \frac{(1+R_{i+1})^{i+1}}{(1+R_i)^i} - 1 \tag{6-2}$$

（4）固定利率部分的现值

$$PV_c = \sum_{i=1}^{N} M \times k \times \frac{t_i}{365} D_i \tag{6-3}$$

PV_c为固定利率端现值，k为固定利率，M为名义本金，t_i为自计息日至时点i的天数，D_i表示时点i的贴现率。

（5）浮动利率部分的现值

$$PV_f = \sum_{i=1}^{N} M \times f_{i-1} \times \frac{t_i}{365} D_i \tag{6-4}$$

PV_f为浮动利率端现值，f_i为远期利率，M为名义利率，t_i为自计息日至时点i的天数，D_i表示时点i的贴现率。

（6）利率互换的价值

$$V_c = PV_c - PV_f \tag{6-5}$$

计算互换率就是使得$PV_c - PV = 0$，推出固定利率即互换率。

6.4.2 债券等值法

债券等值法定价的基本原理是：把利率互换交易看作是固定利率债券和浮动利率债券的交换，故互换价值就是固定利率债券现金流与浮动利率债券现金流之差，对互换买方而言，利率互换价值 = 固定利率债券 - 浮动利率债券；对互换卖方而言，利率互换价值 = 浮动利率债券 - 固定利率债券。具体步骤如下：

（1）固定利率债券现金流

$$PV_{固} = P\left[\sum_{i=1}^{N} C \times \frac{t_i}{365} \times D_i + D_N\right] \tag{6-6}$$

其中，P是名义本金，C是固定利率，t_i为自计息日至时点i的天数，D_i表示时点i的贴现率。

（2）浮动利率债券现金流

浮动利率债券在每一个付息日价格是其面值P，而在下一个付息日的价值是面值加债券票息，在两个付息日之间时点 t 处的价格由下式确定：

$$PV_{浮} = P \times \frac{t_i}{365} \times D_i + P \times r_0 \times \frac{t_i}{365} \times D_i \qquad (6-7)$$

（3）互换定价就是使得 $PV_{固} = PV_{浮}$ 的固定利率

$$C = \frac{\left(1 + r_0 \times \frac{t_1}{T}\right) D_i - D_N}{\sum_{t=1}^{M} B(0, t_i) \frac{t_i}{T}} \qquad (6-8)$$

6.4.3　进一步分析

目前中国利率互换交易定价存在两大主要障碍，制约着利率互换交易的发展。

第一，缺乏公认的基准收益率曲线。目前利率互换市场上有国债到期收益率曲线、Shibor 曲线、固定利率政策性金融债到期收益率曲线、央行票据到期收益率曲线和中国银行间债券回购利率曲线可以作为基准收益率曲线，但市场上没有统一定论，不能很好地反映市场实际情况，主要因为国债品种少，交易不连续，波动幅度大，故市场上多家机构推出收益率曲线，但并无统一。

第二，浮动利率债券参考 1 年期定期存款利率和全国银行间债券市场利率，掺入了非市场因素，不能很好地反映市场变化。

基于以上两问题，参阅相关资料。郑葵方《利率互换定价中贴现收益率曲线的选择》评价了国债到期收益率曲线、Shibor 曲线、固定利率政策性金融债到期收益率曲线、央行票据到期收益率曲线和中国银行间债券回购利率曲线在 IRS 定价中的效果，结果是采用国债收益率曲线进行单利贴现计算的理论价格与实际报价走势基本一致且差距最小，平均比实际价格高 5BP。所以本书以下实证分析中将采用国债到期收益率曲线计算即期利率、隐含的远期利率以及债券等值法中的贴现率。

对于浮动利率参考利率的确定，若使用零息债券法定价则不需要此利率，而在债券等值法中选择代表一定市场波动变化的三个月期的 Shibor 利率。

目前，我国利率互换市场广为采用的定价方法主要就是上述提到的零息债券法和债券等值法。两种方法是不同的两种思路，所采用的定价变量也有所不同，各有所长，但也分别存在一些定价估值障碍。以下实证分析就想找出哪个模型方法计算出的利率互换固定利率理论价格最符合实际价格。

思路大致如下：首先，分别用两种模型方法计算基于 Shibor（3M）1 年、2 年、4 年、5 年的 IRS 的理论价格；其次，把不同年限不同方法的利率互换理论价格与实际价格比较，得出哪一种模型计算出的利率互换率与实际价格最贴近。

基于 Shibor（3M）的 1 年、2 年、4 年、5 年 IRS 日价格数据（2010 年 1 月 6 日）来源于中国外汇交易中心（中国货币网）。固定利率国债到期收益率曲线数据来源于中央国债结算公司（中国债券网）。

利率互换合约（Payers Inerest Rate SWAP，PIRS）是约定双方在契约终止前均需在有效期限内按期支付利息，一般最常见的契约内容为一方支付浮动利率，另一方支付固定利率，而浮动方收取的利率标的是 LIBOR 利率，利率互换多被企业及银行间作为负责风险管理的金融工具。

国际上，利率互换的浮动端利率指标多以伦敦银行间同业拆借利率（LIBOR）为主，目前我国利率互换合约多被银行间作为负债风险管理的金融工具。

利率互换在时间 t 的价值为

$$R(t,T_n)=\sum_{k=1}^{n}B(t,T_k)\delta_k(L_k(t)-K) \qquad (6-9)$$

其中 $R(t,T_n,K)$ 为利率互换在时间 t 的价值，$B(t,T_k)$ 为到期日为时间 T_k 的零息债券，作为利率交换契约的折现计价单位。将上式拆解可得

$$R(t,T_n)=\sum_{k=1}^{n}B(t,T_k)\delta_kL_k(t)-\sum_{k=1}^{n}B(t,T_k)\delta_kK \qquad (6-10)$$

其中：$\sum_{k=1}^{n}B(t,T_k)\delta_kL_k(t)$ 为浮动方价值，$\sum_{k=1}^{n}B(t,T_k)\delta_kK$ 为固定方价值。此外，在合约签订之初，为了使双方能在损益平衡的情况下，一般会令所定的利率互换合约期初价值为零，但在签约之后，由于利率的变动，合约价值也随之变动。令固定利率 K 为使得起初合约价值为零的交换率 $G(t)$，而此交换率的求解过程如下，令 $R(t,T_n)=\sum_{k=1}^{n}B(t,T_k)\delta_k(L_k(t)-K)=0$，$K=G(t)$ 的价值为零，固定利率 K 为 $G(t)$，则

$$G(t)=\frac{\sum_{k=1}^{n}B(t,T_k)\delta_kL_k(t)}{\sum_{k=1}^{n}\delta_kB(t,T_k)}=\frac{B(t,T_0)-B(t,T_n)}{\sum_{k=1}^{n}\delta_kB(t,T_k)}=$$

$$\frac{1 - B(t,T_n)/B(t,T_0)}{\sum_{k=1}^{n} \delta_k (B(t,T_k)/B(t,T_0))} \tag{6-11}$$

由于 $1 + \delta_k L_k(t) = \dfrac{B(t,T_{k-1})}{B(t,T_k)}$，又上式中的 $B(t,T_n)/B(t,T_0)$ 为

$$\frac{B(t,T_0)}{B(t,T_n)} = \frac{B(t,T_0)}{B(t,T_1)} \frac{B(t,T_1)}{B(t,T_2)} \cdots \frac{B(t,T_{n-1})}{B(t,T_n)}$$

$$= \prod_{k=1}^{n} \frac{B(t,T_{k-1})}{B(t,T_k)} = \prod_{k=1}^{n} (1 + \delta_k L_k(t))$$

故（6 - 11）式可表示为

$$G(t) = \frac{1 - \prod_{k=1}^{n} \frac{1}{1 + \delta_k L_k(t)}}{\sum_{k=1}^{n} \delta_k \prod_{j=1}^{k} \frac{1}{1 + \delta_j L_j(t)}} \tag{6-12}$$

由（6 - 12）式中可以得知，交换率完全是由浮动利率利率的利率期限结构所决定的。利用第 2 章 SVJ - SD 模型推导出的利率期限结构得到其隐含的远期利率，并用远期利率来代替利率互换浮动利率端的浮动利率，进而确定浮动利率端现金流，然后利率期限结构的即期利率对固定利率端现金流和浮动利率端现金流折现，最后定出利率互换的价格。

6.5 小　结

利率互换作为一种新型的金融衍生产品，在我国发展很快，特别是随着我国参与国际金融资本运作幅度的加大，利率互换已成为众多公司及银行之间常用的债务保值和资本升值的有效手段之一。从宏观角度看，利率互换对我国金融资本运作的意义为：满足投资主体规避风险的要求，促使金融市场的国际化，拓宽金融机构的业务范围，深化金融体制改革，加快利率市场化进程，有利于发展债券市场，丰富债券市场的品种结构。我国利率互换市场上常用的定价方法主要有两种：零息票互换法和债券等值法。

参考文献

[1] [美] 布鲁斯．塔克曼著．黄嘉斌译．固定收益证券 [M]．宇航出版社，2002.

[2] [美] 约翰．赫尔著．张陶伟译．期权、期货和其他衍生产品 [M]．华夏出版社，2000.

[3] [美] 约翰．马歇尔著．宋逢明等译．金融工程 [M]．清华大学出版社，1998.

[4] McCulloch, J. H. Measuring the term structure of interest rates [J]. Journal of Business, 1971 (44): 101 – 127.

[5] Carleton, W. T., Cooper, I. A. Estimation and uses of the term structure of interest rate [J]. Journal of Finance, 1976 (31): 1067 – 1083.

[6] Shea, G. Pitfalls in smoothing interest rate structure data: equilibrium models and spline approximation [J]. Journal of Financial Quantitative Anal, 1984 (19): 253 – 269.

[7] 郑振龙，林海．中国市场利率期限结构的静态估计 [J]．武汉金融，2003 (3): 33 – 36.

[8] Merton, R. C. Theory of rational option pricing [J]. Bell Journal of Economics and Management Science, 1973 (4): 141 – 183.

[9] Litterman R, Scheinkman. Common factors affecting bond returns [J]. Journal of Fixed Income, June, 1991: 54 – 61.

[10] Chapman, David A., and Neil D. Pearson. Recent advances in Estimating term-structure models [J]. Financial Analysts Journal, 2001 (57): 77 – 95.

[11] Vasicek, Oldrich A., An equilibrium characterization of the term structure [J]. Journal of Financial Economics, 1977 (5): 177 – 188.

[12] Cox, J. C., Ingersoll, J. E., Ross, S. A. A theory of the term structure of interest rate [J]. Econometrica, 1985 (53): 385 – 407.

[13] Longstaff, Francis A. A nonlinear general equilibrium model of the term structure of interest rates [J]. Journal of Financial Economics, 1989 (23): 195 - 224.

[14] Beaglehole, David R. and Mark S. Tenney. General solutions of some interest rate-contingent claim pricing equations [J]. Journal of Fixed Income, 1991 (1): 69 - 83.

[15] Duffie, Darrell, Rui Kan. A yield-factor model of interest rates [J]. Mathematical Finance, 1996 (6): 379 - 406.

[16] Brown, R. H., Schaefer, S. M. The term structure of real interest rate of the Cox, Ingersoll, and Ross model [J]. Journal of Finance, 1994 (35): 3 - 42.

[17] Brennan, Michael J., Eduardo S. Schwartz. A continuous time approach to the pricing of Bonds [J]. Journal of Banking and Finance, 1979 (3): 133 - 155.

[18] Dybvig, Philip H., Jonathan E. Ingersoll, Jr. and Stephen A. Ross. Long forward and zero-coupon rates can never fall [J]. Journal of Business, 1996 (69): 1 - 25.

[19] Schaefer, Stephen M., Eduardo S. Schwartz. A two-factor model of the term structure: an approximate solution [J]. Journal of Financial and Quantitative Analysis, 1984 (19): 413 - 424.

[20] Fong, Gifford H., Oldrich A. Vasicek. Fixed income volatility management [J]. Journal of Portfolio Management, 1991 (17): 41 - 46.

[21] Longstaff, Francis A., Eduardo S. Schwartz. Interest rate volatility and the term structure: a two-factor general equilibrium model [J]. Journal of Finance, 1992 (47): 1259 - 1282.

[22] Ho, T., Lee, S., Term structure and pricing interest rate contingent claims [J]. Journal of Finance, 1986 (41): 1101 - 1029.

[23] Hull J, White A. Pricing interest rate derivative securities [J]. Review of Financial Studies, 1990 (3): 573 - 592.

[24] Black, F., Derman E., Toy, W. A. One-factor model of interest rates and its application to Treasury bond options [J]. Financial Annals, 1990 (46): 33 - 49.

[25] Black, F., Karasinski, P. Bond and option pricing when short rates are lognormal [J]. Financial Annals, 1991 (47): 52 – 59.
[26] Heath, D., Jarrow, R. and Morton, A. Bond pricing and the term structure of interest rates: a new methodology for contingent claims valuation [J]. Econometrica, 1992 (60): 77 – 105.
[27] Brace, A., Gatarek, D. and Musiela, M. The market model of interest rate dynamics [R]. UNSW Department of Statistics report. No. S95 – 2, 1995.
[28] Jamshidian, F. Libor and swap market models and measures. Working paper. 1996.
[29] Santa-Clara, Pedro, and Didier Sornette. The dynamics of the forward interest rate curve with stochastic string shocks [J]. Review of Financial Studies, 2001 (14): 149 – 185.
[30] Kennedy, D., The term structure of interest rates as a Gaussian random field [J]. Mathematical Finance, 1994 (4): 247 – 258.
[31] Goldstein, R. and Zapatero, F. General equilibrium with constant relative risk aversion and Vasicek interest rates [J]. Mathematical Finanace, 1996 (6): 331 – 340.
[32] Aït-Sahalia, Yacine. Nonparametric pricing of interest rate derivative securities [J]. Econometrica, 1996a, 64: 527 – 560.
[33] Aït-Sahalia, Yacine. Testing continuous-time models of the spot interest rate [J]. Review of Financial Studies, 1996b, 9: 385 – 426.
[34] Aït-Sahalia, Yacine. Maximum-likelihood estimation of discretely-sampled diffusions: a closed-form approximation approach [J]. Econometrica, 2002a (70): 223 – 262.
[35] Aït-Sahalia, Yacine. Closed-form likelihood expansions for multivariate diffusions. Working Paper, Princeton University. 2002b.
[36] Aït-Sahalia, Yacine., Robert L. Kimmel. Estimating affine multifactor term structure models using closed-form likelihood expansions. Working Paper, Princeton University. 2002.
[37] Stanton, R. A nonparametric model of term-structure dynamics and the market price of risk [J]. Journal of Finance, 1997 (52): 1973 – 2002.
[38] 李和金．非参数利率期限结构模型与混合债券的定价研究．中国国家

图书馆：上海交通大学，2002.
[39] Chen, Ren-Raw, Scott, L. O. Pricing interest rate options in a two factor Cox-Ingersoll-Ross Model of the Term Structure [J]. The Review of Financial Studies, 1992 (5): 613 - 636.
[40] Pearson, Neal, Tong-Shen Sun. Exploiting the conditional density in estimating the term structure: an application to the Cox, Ingersoll Ross model [J]. Journal of Finance, 1994 (49): 1279 - 1304.
[41] Gibbons, M. R., Ramaswamy, K. A test of the Cox, Ingersoll, and Ross model of the term structure [J]. The Review of Financial Studies, 1993 (6): 619 - 658.
[42] Heston, S. A closed-form solution for options with stochastic volatility with applications to bond and currency options [J]. Review of Financial Studies, 1993 (6): 327 - 343.
[43] Brown, S., P. Dybvig. The empirical implications of the Cox, Ingersoll, Ross theory of the term structure of interest rates [J]. Journal of Finance, 1986 (41): 617 - 632.
[44] Chan, K. C., A. Karolyi, F. Longstaff and A. Sanders. An empirical comparison of alternative models of the short-term interest rate [J]. Journal of Finance, 1992 (47): 1209 - 1227.
[45] Dothan, L. On the term structure of interest rates [J]. Journal of Financial Economics, 1978 (6): 59 - 69.
[46] Neyman, A. Correlated equilibrium and potential games [J]. International Journal of Game Theory, 1997 (26): 223 - 227.
[47] Carverhill, A. When is the short rate markovian [J]. Mathematical Finance, 1994 (4): 305 - 312.
[48] Amin, K. I., Morton, A. J. Implied volatility functions in arbitrage-free term structure models [J]. Journal of Financial Economics, 1994 (35): 141 - 180.
[49] Conley, Timothy G., Lars P. Hansen, and Erzo G. J. Luttmer, et al. Short-term interest rates as subordinated diffusions [J]. Review of Financial Studies, 1997 (10): 525 - 577.
[50] Jones, C. S., Nonlinear Mean Reversion in the Short-Term Interest

Rate. Working paper, 2000.

[51] Downing, C. T. Nonparametric Estimation of Multifactor Continuous Time Interest-Rate Models. Computing in Economics and Finance. Working paper, 1999 (11).

[52] Pritsker, Matthew. Nonparametric density estimation and tests of continuous time interest rate models [J]. Review of Financial Studies, 1998 (11): 449 - 487.

[53] Chapman, David A., and Neil D. Pearson. Is the short rate drift actually nonlinear [J]. Journal of Finance, 2000 (55): 355 - 388.

[54] Koedijk, K. G., Nissen, F. G. J. A., Schotman, P. C. et al. The dynamics of short-term interest rate volatility reconsidered [J]. European Finance Review, 1997 (1): 105 - 130.

[55] Brenner, M., Sundaram, R. K. and Yermack, D. Altering the terms of executive stock options [J]. Journal of Financial Economics, 2000 (57): 103 - 128.

[56] Engle, R. and T. Bollerslev. Modelling the persistence of conditional variances [J]. Econometric Reviews, 1986 (5): 1 - 50.

[57] Turan G. Bali. Modeling the stochastic behavior of short-term interest rates: Pricing implications for discount bonds [J]. Journal of Banking & Finance, 2003 (27): 201 - 228.

[58] Rodrigues, P. H. M., Rubia. A. Testing non-stationarity in short-term interest rates [R]. London: 14th EC2 Conference, Endogeneity, Instruments and Identification in Economics, 2003 (12): 12 - 13.

[59] Brenner R. J., R. H. Harjes, and K. F. Kroner. Another look at models of the short-term interest rate. Journal of Financial and Quantitative Analysis, 1996 (31): 85 - 107.

[60] 吴硕思, 方兆本. 非对称广义自回归条件异方差的新模型 [J]. 应用概率统计, 2000 (16): 416 - 422.

[61] 吴雄伟, 谢赤. 连续时间利率期限结构模型统一框架的演变及其改进 [J]. 系统工程理论方法应用, 2002 (9): 181 - 184.

[62] Hamilton, James D. Rational-expectations econometric analysis of changes in regime: an investigation of the term structure of interest rates [J]. Journal

of Economic Dynamics and Control, 1988 (12): 385 - 423.

[63] Das, Sanjiv. Poisson-gaussian processes and the bond market. Working paper, Harvard Business School, 1994.

[64] Ahn, C. M., Thompson, H. E. Jump-diffusion processes and the term structure of interest rates [J]. Journal of Finance, 1988 (43): 155 - 174.

[65] Baz, J., Das, S. R. Analytical approximations of the term structure for jump-diffusion processes: a numerical analysis [J]. Journal of Fixed Income, 1996 (6): 78 - 86.

[66] Bing-Huei Lin, Shih-Kuo Yeh, Estimation for factor models of term structure of interest rates with jumps: the case of the Taiwanese government bonds [J]. Journal of International Financial Market, Institutions and Money, 2001 (11): 167 - 197.

[67] Harrison, J. M., Kreps, D. M. Martingales and arbitrage in multiperiod securities markets [J]. Journal of Economic Theory, 1979 (20): 381 - 408.

[68] Artzner, P., Delbaen, F., Eber, J. M., et al. Coherent measures of risk [J]. Mathematical Finance, 1990 (9): 203 - 228.

[69] Constantinides, G. A theory of the nominal structure of interest rates [J]. Review of Financial Studies, 1992 (5): 531 - 552.

[70] Glasserman, P., Zhao, X. Arbitrage-free discretization of lognormal forward Libor and swap rate models [J]. Forthcoming in Finance and Stochastics, 1998.

[71] 于瑾. 利率期限结构研究. [D]. 中国国家图书馆: 对外经济贸易大学, 2002.

[72] Conley, Timothy G., Lars P. Hansen, Erzo G. J. Luttmer, et al. Short-term interest rates as subordinated diffusions [J]. Review of Financial Studies, 1997 (10): 525 - 577.

[73] Jiang, George J., John L. Knight. A nonparametric approach to the estimation of diffusion processes, with an application to a short-term interest rate model [J]. Econometric Theory, 1997 (13): 615 - 645.

[74] Bandi, Federico. Short-term interest rate dynamics: a spatial approach [J]. Journal of Financial Economics, 2002 (65): 73 - 110.

[75] Durham, Garland B. Likelihood-based specification analysis of continuous-

time models of the short-term interest rate [J]. Journal of Financial Economics, 2002.

[76] Jones, Christopher S. Nonlinear mean reversion in the short-term interest rate [J]. Review of Financial Studies, 2003 (16): 793-843.

[77] Andersen, Torben G., Jesper Lund. Estimating continuous-time stochastic volatility models of the short-term interest rate [J]. Journal of Econometrics, 1997 (77): 343-377.

[78] Andersen, Torben G., Hyung-Jin Chung, Bent E. Svensen. Efficient method of moments estimation of a stochastic volatility model: a monte carlo study [J]. Journal of Econometrics, 1999 (91): 61-87.

[79] Andersen, Torben G., Luca Benzoni, Jesper Lund. An empirical investigation of continuous-time equity return models [J]. Journal of Finance, 2002 (57): 1239-1284.

[80] Andersen, Torben G., Luca Benzoni, and Jesper Lund. Stochastic volatility, mean drift, and jumps in the short-term interest rate [R]. The 2004 econometric society conference in San Diego for helpful comments and suggestions, 2004.

[81] Balduzzi, Pierluigi, Sanjiv R. Das, and Silverio Foresi, et al. A simple approach to three-factor models of interest rates [J]. Journal of Fixed Income, 1996 (6): 43-53.

[82] Balduzzi, Pierluigi, and Sanjiv R. Das, et al. The central tendency: a second factor in bond yields [J]. Review of Economics and Statistics, 1998 (80): 60-72.

[83] Jegadeesh, Narasimhan and George S. Pennachi. The behavior of interest rates implied by the term structure of eurodollar futures [J]. Journal of Money, Credit and Banking, 1996 (28): 426-451.

[84] Schaefer, S. M., Schwartz, E. S. A two-factor model of the term structure: an approximate analytic solution [J]. Journal of Financial and Quantitative Analysis, 1984 (19): 413-424.

[85] Ball, C. A., Torous, W. N. On jumps in common stock prices and their impact on call option pricing [J]. Journal of Finance, 1985 (40): 155-173.

[86] Akgiray, V. , Booth, G. , Mixed diffusion-jump process modeling of exchange rate movements [J]. Review of Economics, 1986 (70): 631 - 637.

[87] Lin, B. H. , Yeh, S. K. Jump-diffusion interest rate process: an empirical examination [J]. Forthcoming Journal of Business Finance Accounting, 1998.

[88] Jorion, P. On jump processes in the foreign exchange and stock markets [J]. Review of Financial Studies, 1998 (4): 427 - 445.

[89] Tucker, A. L. , Pond, I. The probability distribution of foreign exchange price change: tests of candidate processes [J]. Review of Economics Statement, 1988.

[90] Park, A. , Ann, C. M. , and Fujihara, R. Optimal hedged portfolios: the case of jump-diffusion risks [J]. Journal of International Money Finance, 1993 (12): 493 - 510.

[91] Duffie, Darrell, Kenneth J. Singleton. Simulated moments estimation of markov models of asset prices [J]. Econometrica, 1993 (61): 929 - 952.

[92] Gallant, A. Ronald, Douglas W. Nychka. Semi-nonparametric maximum likelihood estimation [J]. Econometrica, 1987 (55): 363 - 390.

[93] Gallant, A. Ronald, George Tauchen. Which moments to match [J]. Econometric Theory, 1996 (12): 657 - 681.

[94] Gallant, A. Ronald, Jonathan R. Long. Estimating stochastic differential equations efficiently by minimum Chi-square [J]. Biometrika, 1997 (84): 125 - 142.

[95] Gallant, A. Ronald, George Tauchen. Estimation of continuous time models for stock returns and interest rates [J]. Macroeconomic Dynamics, 1997 (1): 135 - 168.

[96] Gallant, A. Ronald, George Tauchen. SNP: a program for nonparametric time series analysis. Working Paper, 2002.

[97] Jacobs, R. L. , Robert A. Jones. A two factor latent variable model of the term structure of interest rates. Working Paper, 1986.

[98] Beaglehole, David R. , Mark S. Tenney. General solutions of some interest rate-contingent claim pricing equations [J]. Journal of Fixed Income, 1991 (1): 69 - 83.

[99] Balduzzi, Pierluigi, Sanjiv R. Das, et al. A simple approach to three-factor

models of interest rates [J]. Journal of Fixed Income, 1996 (6): 43 - 53.
[100] Jegadeesh, Narasimhan and George S. Pennachi. The behavior of interest rates implied by the term structure of Eurodollar futures [J]. Journal of Money, Credit and Banking, 1996 (28): 426 - 451.
[101] Lo, Andrew W. Maximum likelihood estimation of generalized Itô processes with discretely sampled data [J]. Econometric Theory, 1988 (4): 231 - 247.
[102] Schaumburg, Ernst. Maximum likelihood estimation of SDEs driven by Levy yype processes. Working Paper, 2002.
[103] Bates, David. Maximum likelihood estimation of latent affine processes, Working Paper, 2003.
[104] Eraker, Bjørn. MCMC analysis of diffusion models with applications to finance [J]. Journal of Econometrics, 2001 (19): 177 - 191.
[105] Elerian, Ola, Siddhartha Chib, and Neil Shephard. Likelihood inference for discretely observed nonlinear diffusions [J]. Econometrica, 2001 (69): 959 - 994.
[106] Johannes, Michael. The statistical and economic role of jumps in continuous-time interest rate models [J]. Journal of Finance, 2004 (59): 227 - 260.
[107] Das, Sanjiv. The surprise element: jumps in interest rates [J]. Journal of Econometrics, 2002 (106): 27 - 65.
[108] Brandt, Michael, and David Chapman. Comparing multifactor models of the term structure. Working Paper, 2002.
[109] Dai, Qiang, Kenneth J. Singleton. Specification analysis of affine term structure models [J]. Journal of Finance, 2000 (55): 1943 - 1978.
[110] Ahn, Dong-Hyun, Robert F. Dittmar, and A. Ronald Gallant. Quadratic term structure models: theory and evidence [J]. Review of Financial Studies, 2002 (15): 243 - 288.
[111] Duffee, Greg R., Richard Stanton. Estimation of dynamic term structure models. Working Paper, 2001.
[112] Duffee, Greg R. Term premia and interest rate forecasts in affine models [J]. Journal of Finance, 2002 (57): 405 - 443.

[113] Collin-Dufresne, Pierre, Robert Goldstein, and Christopher S. Jones, Identification and estimation of maximal affine term structure models: an application to stochastic volatility. Working Paper, 2003.

[114] Bansal, R., Gallant, A. R., Hussey, R., Tauchen, G. E. Nonparametric estimation of structural models for high-frequency currency market data [J]. Journal of Econometrics, 1995 (66): 251 - 287.

[115] Andersen, Torben G., Hyung-Jin Chung, and Bent E. Soensen. Efficient method of moments estimation of a stochastic volatility model: a monte carlo study [J]. Journal of Econometrics, 1999 (91): 61 - 87.

[116] 潘冠中. 单因子利率期限结构模型参数估计的数据选择 [J]. 数量经济技术经济研究, 2004 (9): 71 - 77.

[117] 谢赤, 吴雄伟. 基于 Vasicek 和 CIR 模型中的中国货币市场利率行为实证分析 [J]. 中国管理科学, 2002 (3): 22 - 25.

[118] SAS/ETS User's Guide, Version 8 [M]. Volumes 1 and 2, Cary, NC: SAS Institute, Inc. 1999.

[119] 可转换公司债券实务 [M]. 上海: 上海证券交易所投资者教育中心出版, 2001.

[120] Black, F. and Scholes, M. The pricing of options and corporate liabilities [J]. Journal of Political Economy, 1973 (81): 637 - 659.

[121] Merton, Robert C. Theory of rational option pricing [J]. Bell Journal of Economics and Management Science, 1973 (4): 141 - 183.

[122] Merton, R. C. On the pricing of corporate debt: the risk structure of interest rates [J]. Journal of Finance, 1974 (29): 449 - 470.

[123] Ingersoll, J. E.: A contingent-claims valuation of convertible securities [J]. Journal of Financial Economics, 1977 (4): 289 - 322.

[124] Ingersoll, J. E.: An examination of corporate call policies on convertible securities [J]. Journal of Finance, 1977 (32): 463 - 478.

[125] McConnell, J. J., E. S. Schwartz. LYON taming [J]. Journal of Finance, 1986 (41): 561 - 576.

[126] Brennan, M. J., Schwartz, E. S. Convertible bonds: Valuation and optimal strategies for call and conversion [J]. Journal of Finance, 1977, 32 (5): 1699 - 1715.

[127] Brennan, M. J., Schwartz, E. S. Analyzing convertible bonds [J]. Journal of Financial and Quantitative Analysis, 1980, 15 (4): 907 - 929.

[128] Carayannopoulos, P. Valuing convertible bonds under the assumption of stochastic interest rates: an empirical investigation [J]. Quarterly Journal of Business and Economics, 1996, 35 (3): 17 - 31.

[129] Nyborg, K. G. The use and pricing of convertible bonds [J]. Applied Mathematical Finance, 1996 (3): 167 - 190.

[130] Goldman Sachs. Valuing convertible bonds as derivatives [J]. Quantitative Strategies Research Notes, 1994.

[131] Tsiveriotis, K. and C. Fernandes. Valuing convertible bonds with credit risk [J]. Journal of Fixed Income, 1998 (8): 95 - 102.

[132] Thomas S. Y. Ho, David M. Pfeffer. Convertible bonds: model, value attribution, and analytics [J]. Financial analysis Journal, 1996: 35 - 44.

[133] Takahashi, A., Kobayashi, T., Nakagawa N. Pricing convertible bonds with default risk [J]. Journal of Fixed Income, 2001 (11): 20 - 29.

[134] Davis, M., Lischka, F. R. Convertible bonds with market risk and credit risk. Working paper, 1999.

[135] Giovanni, B-A., Ana Bermudez, John Hatgioannides. Two-factor convertible bonds valuation using the method of characteristics/ finite elements [J]. Journal of Economic Dynamics & Control, 2003 (27).

[136] 郑小迎，陈军，陈金贤．可转换债券定价模型探讨 [J]．系统工程理论与实践，2000 (8): 24 - 28.

[137] 范辛亭，方兆本．一种随机利率条件下企业可转换债券定价的离散时间方法 [J]．系统工程理论与实践，2002 (8): 29 - 40.

[138] 魏刚，刘孝红．可转换债券定价的理论与实证研究 [R]．西南证券有限责任公司，2004.

[139] 郑振龙，林海．中国可转换债券定价研究 [J]．厦门大学学报（哲学社会科学版），2004 (2): 93 - 99.

[140] 龚朴，赵海滨．双因素可转换债券定价模型FEM解 [J]．系统工程理论方法应用，2004 (5): 451 - 459.

[141] Cox, J. C., Ross, A. and Rubinstein, M. Option pricing: a simplified

approach [J]. Journal of Financial Economics, 1979 (7): 229 - 263.

[142] 招商银行可转债发行公告 [R]. 招商银行股份有限公司: 中国国际金融有限公司, 2004.10.29.

[143] 胡振仓. 我国浮动利率债券的基础利率创新 [J]. 新疆金融, 2004 (11): 17 - 19.

[144] 陈力峰. 现金流分解法——一种新的浮动利率债券定价方法的研究 [J]. 金融教学与研究, 2002 (3): 44 - 50

[145] 朱世武, 陈健恒. 利率均衡利率模型对浮动利率债券定价 [J]. 世界经济, 2005 (2): 48 - 59.

后　记

我国发展利率衍生工具市场时机基本成熟。近些年来我国利率市场化已取得重大进展，金融机构之间金融机构与非金融机构之间交易利率管制的放松，为利用衍生金融工具避险提供了条件，而且利率市场化的推进也使金融机构和非金融机构寻求利率衍生工具避险成为必要。2004 年 2 月银监会发布实施了《金融机构衍生产品交易业务管理暂行办法》，进一步规范了金融机构场外衍生产品交易业务，为场外衍生产品交易提供了制度基础。目前我国有多家中外资金融机构获得了银监会批准从事衍生产品交易资格，且部分金融机构已经具备开展利率互换交易、向客户提供利率互换等利率衍生产品服务条件和能力。我国银行间债券市场中相关的交易、结算、托管的制度建设也日趋完善，为我国衍生工具的交易提供良好的支持。虽然衍生工具能够规避风险，但若应用不当可能引发更大的危机。而我国金融衍生工具发展刚刚起步，不可能一蹴而就，要有个稳步推进的过程，同时衍生工具市场的发展也需要其他改革的配套。建议主要从以下几个方面着手：

（1）借鉴国际经验，以利率互换推动利率衍生品市场的发展。

当前利率衍生品市场的发展有两个明显的特点：一是场外市场交易规模远远超过了场内市场；二是在场外市场中利率互换交易远远超过了其他种类的衍生产品。场外市场之所以能超过场内市场，主要在于场外市场能根据风险管理人员的需要自由定义，操作比较灵活。利率互换相对于远期利率协议、利率期货等其他衍生品更能满足客户“量身定制”的需要。所以在我国市场化进程中，利率互换的推出对提高我国金融市场效率和金融机构管理水平有重要意义，同时也为其他利率衍生品的推出提供参考借鉴。运用利率互换，通过场外交易的摸索，不断完善衍生品市场的交易机制，逐步引入利率期货、利率期权等利率衍生工具。

（2）大力推进利率市场化改革，加强债券市场收益率曲线等定价基准建设。

大多数想利用利率衍生品避险的商业银行都面临着定价的问题。例如，标准型的利率互换是用一个固定利率去置换一个浮动利率，这个浮动利率必须是一个基准性的利率，并且具备较高的市场揭示能力，同时要具有很强的公信力。因此基准利率的存在是发展利率衍生品的前提。目前我国利率衍生品定价主要以全国银行间债券市场具有基准性质的市场利率和中国人民银行公布的一年期定期储蓄存款利率等作为参考基准利率。由于目前许多银行资产是以一年期定期存款利率为参照的，选择其有现实意义，但是其市场化程度较低；银行间债券市场回购利率由于市场化程度高、敏感性强等作为参考利率有其优势，但是其期限结构偏短。虽然说2007年1月1日推出SHIBOR扭转了我国没有真正统一基准利率的局面，但是SHIBOR推出时间尚短，具体运行效果还有待于市场的进一步检验。其实在国外的货币市场和固定收益市场上，利率互换曲线也可以作为一条基准性的利率曲线，许多的金融产品都是以此为基础进行定价的，因此可以考虑先完善利率互换的定价机制，再以此为基础进行其他衍生品的定价。总之，要逐步放开存贷款利率，规范银行间债券市场的发展，推进利率市场化的进程，形成有效的基准利率，进一步完善衍生工具的定价机制。

（3）进一步健全做市商制度。

做市商的主要功能是向市场提供流动性。承担维持流动性的义务，可以提高货币市场资金配置和定价效率。但是，我国银行间市场推出做市商制度以来，在提高市场流动性，促进价格发现机制和收益率曲线建设方面的作用发挥并不充分。主要是由于当前“一对多”的市场结构无法满足做市商对冲自己的风险，这种单边交易的结构使做市商面临很大的风险却无法对冲。同时由于金融衍生工具相对缺乏，特别是缺少债券期货和股指期货等工具，债券和货币市场上工具的流动性也差，使做市商无法及时对冲自己的风险，进而导致缺乏做市的积极性。因此，建议从以下几个方面着手完善做市商制度：首先，要加大对做市商的政策支持力度，增强做市商做市能力。加大对做市商的政策支持力度，是增强其做市能力、提高其做市积极性的重要方面，也是促使做市商制度充分发挥作用的关键。而加大对做市商的政策支持，就需要结合当前市场实际，有效整合各种资源，给予做市商实实在在的支持：一是理顺承销商、一级交易商与做市商的关系，使做市商享有一级市场购买债券的便利，做市商可优先成为国债、政策性金融债承销商和央行公开市场业务一级交易商，同时在国债、央行票据、金融债券、短期融资券等债券一级市场的承销和认购上获得一定优先权；二是与债券借贷等新产品开发相结合，为做市商融资融券及其他业务创新提供便利；三是赋予做市商在报价和信息方面的便利，逐步完善多层次的债券市场，加强市场参与者的报价约束力，为做市商在报价数据和成交数据获取方面提供便利。其次，降低准入标准，放宽做市业务要求，鼓励更多金融机构参与做市业务。一是适当降低做市商准入标准，鼓励更多交易活跃且有意愿、有能力的金融机构成为做市商，增加做市商数量，丰富做市商机构类型，促进做市商之间的有效竞争；二是从市场发展实际出发，放宽或取消目前对债券双边报价频率、报价价差、最小报价金额等方面的要求，扩大做市商的做市空间，提高做市商业务开展的主动性和灵活性。再次，加强对做市商的考核，强化激励约束机制。由于放宽了做市业务要求，做市商是否尽职应主要通过考核来评定。建立对做市商做市业务的定期考核制度，以强化激励约束机制，确保做市商切实履行做市业务要求。同时，逐步建立做市商退出机制，对不履行义务或做市业务表现较差的，取消其做市商资格。

（4）监管当局加强监管，商业银行规范参与。

利率衍生产品能够防范风险和化解风险，但是操作不当也会带来更大的风险。从发达国家衍生工具市场发展来看，一般都有完善的法规体系，而且还有国际标准的协议。因此我国在利率衍生产品刚刚推出时，监管当局应该尽快制定符合我国国情且能与国际接轨的利率衍生产品管理办法。同时在衍生市场还不成熟时，鼓励套期保值和规避风险，抑制过度投机。由于我国衍生市场刚刚起步，商业银行参与交易时最好有真实交易的需求，通过市场规避风险，而不是进行投机。市场的不成熟，过多投机会造成市场混乱而潜藏较大金融风险。总之，随着我国利率市场化程度的提高，我国商业银行面临的利率风险也日益凸现，同时利率衍生产品市场也会逐步完善。商业银行应增强风险意识，运用利率衍生产品调整风险头寸，化解风险。

致　谢

本书成文于2006年初，后经修改至今出版。感谢我的导师北京理工大学李金林教授的悉心指导，北京物资学院学术专著出版基金的资助，北京物资学院“控制管理与系统工程”科研团队的支持，以及朱洋编辑的辛勤工作。最后，对多年来支持和帮助我的老师、同学、同事与家人一并表示感谢！书中仍有许多问题需深入研究，望广大学者同行指正、共同探讨！